SHODENSHA
SHINSHO

JN306647

学

「啓発病」社会

祥伝社新書

まえがき

損をするということが明らかにわかっていても、時と場合によっては、損をする側に身を置く。

こうした損得や合理性を超えた選択ができるがゆえに、人間は人間たりうると、私は考える。損得や合理性だけを判断基準としていては、それは人間ではなく、植物や鉱物に等しいものと思われるのだ。

ここで私が、あえて「動物」と言わないのには訳がある。動物は、いまのこの国で多発している理由不明の親・子殺し（ここ数年の統計数値によると、殺人事件の約50パーセントを占める）をしない。「獣《けもの》のような行為」という言葉があるが、いまは「人間のような行為」と置き換えるべきである。

自己中心の損得と合理性を突き詰めれば、そこには「情」などが存在できない無味乾燥な社会が生まれてくる。つまり、損得と合理性に純化すると、動物以下の無機質で下等な社会が生まれるのだ。

いま、この国に氾濫《はんらん》する「自己啓発」ブームという現象に、私は大いなる違和感を懐《いだ》いている。とりわけ、この現象の中心にある「差別化」なる言葉に対してである。

この言葉を私なりに解釈すると――他人と同じことをしていては競争に勝てない。だから他人と違うところが人にわかるように努力しなくてはいけない。もっとはっきり言うと、地位と財を得る競争に勝つためには他人を蹴落《けお》としてでも前に進め、というのが、この「差別化」の意味するところだ。そして、そのために「自己啓発」に励み、他人より優位に立つためのスキルを身に付けろ、というものなのである。

この考え方は完全に間違っている。「差別化」が、つまり「自由競争」が貫徹した社会が、殺人事件の50パーセントにおよぶ親族殺人を生んだのだ。

本書は、この「自己啓発」を推《お》し進める論者たちの根底にある「論理」と「精神」

の貧困を批判したものである。２０１１年に、われわれは「３・11」という事態に直面したが、この事態に真正面から向き合うことがもとめられているとき、必要なのは「相互扶助」であって「差別化」などという矮小《わいしょう》な精神であろうはずがない。「絆《きずな》」とか「がんばろう東北」などの空虚なスローガンが充満する、肉感性のない「社会」を拒否するためにも、私なりの一石を投じたつもりである。

２０１２年２月

宮崎　学

目次

2 ゆがめられた『自助論』

1

「セルフヘルプ」という病《やまい》

●ポジティブ・シンキングから自己啓発へ——1990年以後の日本

2000年に入った頃から、日本に「自己啓発」ブームというべきものが到来した。

ブームを検証するには、その時々のベストセラーがわかりやすい指標になる。憶えているところで跡づけてみると、1996年の『脳内革命』の大ブレークが、このブームの先駆けになったのではないか。前年に刊行された春山茂雄《はるやましげお》の著作『脳内革命』（サンマーク出版）は、この年に爆発的に売れ、最終的には410万部に達する大ベストセラーとなった（続編との合計では550万部だという）。

この本は、実は昔からある脳科学の所見をもとにしながら、「脳から出るホルモンが生き方を変える」のであって、そのホルモンが出るようにするために、物事を常にプラスの方向に、ポジティブに考えるようにすることが必要なのだ、と説いていた。以後、ひとつのトレンドになった「プラス思考」「ポジティブ・シンキング」のもとになったのが、この本だったのである。

この年の流行語のひとつが、バルセロナ・オリンピック女子マラソンで銀メダルを取った有森裕子《ありもりゆうこ》がいった「自分で自分をほめてあげたい」であった。これも、自分で自分をポジティブに評価することでプラス思考に向けていきたいという願望が託された流行語であったろう。

1998年には、人生論がクローズアップされる。五木寛之《いつきひろゆき》の『大河の一滴』（幻冬舎）、『他力』（講談社）がベストセラーとなり、五木の本に著わされているとされる「大乱世を生きるヒント」なるものがもてはやされた。中身としては、仏教的な諦観《ていかん》を生きる力に転化するというモティーフによるものだった。

これは頭をもたげてきた「自己啓発」志向のもうひとつの方向を示すもので、いわば「自己否定を通じた自己肯定」を、しかも手軽に手にすることができるという方法なのだ。春山『脳内革命』を一見否定しているようで、実はそれと通じている「迂回《うかい》的ポジティブ・シンキング」の途《みち》なのである。五木寛之の人生論は、もともとそういう性格をもつものだった。

これらが、いわば「自己啓発」ブームの前史である。

このようなポジティブ・シンキングの流れのなかで、具体的な自己啓発のテクニックを伝授する自己啓発本がよく売れるようになった。

2001年にはスペンサー・ジョンソンの『チーズはどこへ消えた?』（扶桑社）が半年足らずで300万部も売れた。

この本は、ある迷路で起こった出来事をめぐる物語で、登場人物は「チーズ」を探しもとめる二匹と二人。このチーズとは、私たちが人生でもとめるもの、つまり、仕事、家族や恋人、カネ、大きな家、自由、健康、人に認められること、心の平安などを象徴している。そういったものをどうやって探し当てるか、そのための方法論を、寓話を通して説こうというのが、この本のミソだった。

もっと具体的なところでは、サラリーマン（その頃はまだいまのような「ビジネスパーソン」なんていうことばは使われていなかった）の英語学習ブームが燃え上がった。

2000年に講談社インターナショナルの『これを英語で言えますか』がベストセラーになったのが口火になったようだが、その後大当たりをとった『ビッグ・ファット・キャットの世界一簡単な英語の本』（幻冬舎）や『ベラベラブック』（ぴあ）などに見られるように、中学英語も忘れちゃったというような層に手を伸ばした「簡単英語」本がこのブームの主流で、それだけ裾野が広いのが特徴だった。

この底辺の広い英語学習ブームと共通しているのが、資格取得ブームだ。

2002年に、昔からあった株式会社日本通信教育連盟が「ユーキャン」という新しい名前に変身して、行政書士、司法書士、社会保険労務士などをはじめとする国家試験資格を中心に、さまざまな資格取得のための通信講座事業を拡大した。資格取得のための各種学校も林立した。その後、ファイナンシャル・プランニング技能士、知的財産管理技能検定、電子会計実務検定など新しい資格も生まれて、資格取得ブームが進行したのである。

●「スキルアップ」の三種の神器

資格取得に血道《ちみち》を上げる人々の間では、ひとつの「合言葉」が生まれていた。

「スキルアップ」である。

「ビジネスマンはスキルを磨け」「スキルアップがキャリアアップにつながる」と、

猫も杓子《しやくし》も「スキルアップ」を金科玉条《きんかぎよくじよう》のごとく唱えた。とくに、英語（英語力。後述するTOEICが代表的）、IT（職業としてのIT技術のレヴェル）、会計（公認会計士や税理士）のための「スキル」は「三種の神器」と呼ばれ、その資格認定試験には毎回、多くのサラリーマンやOLが列をなした。つまりここでは、すでに「スキル」と「資格」が同義なのである。

「スキル」（skill）に対応する日本語は「技術」「技能」「熟練」などだが、本来もつ概念としては「訓練を通じて身に付けることができる技術・能力」のことで、生まれもった「才能」とは区別される。後天的に習得できるのがスキルなのだ。

だからこのことばに「アップ」を加えて「スキルアップ」になると、「飛び抜けた取り柄のない人間でも、努力すれば能力を高められる」といった、付加価値めいたものが生まれる。天才にスキルは必要ないが、大多数の凡人は、可能性がある限り少しでもスキルアップしたいと思うようになった。その先には社内での昇進や、より条件のいい他社への転職、すなわち「キャリアアップ」という目標がある。ちなみに「スキルアップ」は和製英語で、英語の表現にはないそうだ（『キャリアアップ』も同じく和製英語）。

このような自己啓発ブームは、２００６年頃からやや下火になったようだが、依然として根強く続いていることも確かなようだ。いや、見方を変えれば、ブームがブームでなくなり、日本社会で常態化したともいえる。すでに自己啓発を指す「セルフヘルプ」ということばが「スキルアップ」を飲み込むかたちで一般化している（『セルフヘルプ』を日本語に当てはめると、文字どおり『自助』なのだが、このことについては後述する）。私にいわせれば、日本人は自覚症状のない「自己啓発《セルフヘルプ》という病」に罹《かか》っているようなものなのである。

だから日本の自己啓発ブームとは、その「前史」を含めれば、１９９０年代に発生し、２０００年代初頭から今日にかけて過熱・成熟・定着したものなのだ。この過程はバブル崩壊後の日本がたどった「失われた20年」とぴったり重なる。

●自己啓発の「ニューフェイス」たち

これまでベストセラーを通して自己啓発ブームを見てきたが、長く単行本の編集に携《たずさ》わる出版社員たちに聞いたところ、２００６年以降の出版状況においても、その傾向は続いているという。

たとえばビジネスマンの出世・成功・勉強・年収アップなどを中心テーマとする雑誌『プレジデント』（月2回刊）は、２０１１年現在で毎号23万９０００部を発行しているという。また同誌から派生した、子供の教育誌『プレジデントファミリー』（月刊）は6万５０００部出ているそうだ。

また、年間ベストセラーを見渡してみても、

池上《いけがみ》彰《あきら》『伝える力』（２０１０年の年間総合7位：トーハン調べ。以下同）
茂木《もぎ》健一郎《けんいちろう》『脳にいいことだけをやりなさい』（２００９年の年間総合9位）
長谷部《はせべ》誠《まこと》『心を整える』（２０１１年の上半期総合8位）
石井《いしい》貴士《たかし》『本当に頭がよくなる1分間勉強法』（２００９年の年間ビジネス3位）
勝間《かつま》和代《かずよ》『起きていることはすべて正しい』（２００９年の年間ビジネス8位）

……と、自己啓発本が毎年のように上位を占めている。

それに英語力の測定試験ともいうべきＴＯＥＩＣの個人受験者数（団体での受験を

除く）も、２００６年が66万６０００人だったのが、毎年数万人ずつ増えつづけて２０１０年には78万７０００人になっており、英語学習熱も持続しているようだ。

ただ、自己啓発のあり方自体はやや様変わりしているようである。それを示しているのが「自己啓発のニューフェイス」ともいうべき、茂木健一郎と勝間和代が説いている内容だ。

脳科学者の茂木は「脳内でのニューロンの時空間的な発火パターンに対応してクオリアが生起している」というクオリア理論を唱えたり、ひらめきや気づきの瞬間に「あっ！」と感じる体験を「アハ体験」としてそれが脳を活性化するといったりして、春山などの昔ながらの理論にくらべれば最新の目新しい理論で話題をさらった。

また、経済評論家の勝間和代は、証券アナリストとしてのキャリアやワーキングマザーとしてウォール・ストリート・ジャーナル「世界の最も注目すべき女性50人」に選ばれたといった経歴をバックに、新しいアクティブ・ウーマンとして売り出してきた。

しかし、結局のところ、根本は、これまでの自己啓発と同じなのだ。

茂木健一郎がいっているのは、結論としては、その本の題名そのままに、「脳にいいことをやっていればいい」ということで、彼が示した処方箋どおりやっていれば脳がよくなって、脳がよくなれば自分の心もまわりの環境も自分でよくすることができ、そうなれば成功もできれば、幸福にもなれる、ということである。これが茂木流ポジティブ・シンキングの要諦なのだ。ただ、その「脳のよくしかた」が新しい脳科学にもとづいているというふれこみがあるだけだ。ほんとうは「脳科学」ではなくて「脳技術」なのだ。

勝間和代も同じである。「年収10倍アップの勉強法」とか「ビジネス頭をつくる思考法」とかをもっぱらにしている点では、旧来の自己啓発と変わらない。ただ、すべての問題を「情報力」からとらえるという点が新しいといえば新しい。すべてを情報としてとらえ、自分をめぐる情報の流れを活発にすれば、どんどんよいことが起こる、というのが勝間流ポジティブ・シンキングの基本思想である。そして、そのように情報の流れを活発にするためには、周囲と情報のやりとりをするコミュニケーション・スキルを高めなくてはならない、その方法を教えてあげるわ、というのが勝間の売りなのだ。

茂木にしても勝間にしても――茂木は「脳をよくする」スキル、勝間は「情報力を発揮する」スキルという違いはあっても――、結局のところ、コントロール可能なところでだけ自分の心の動きを自分でコントロールするやりかたを教えているのだ。そうしたスキルを通じて、個人が自己本位に心のコントロールをうまくやれば、成功と幸福がゲットできるという教えなのである。ここで伝授されているのは、「自己中心的ポジティブ人間」のつくりかたなのだ。

●1980年代に流行した自己開発とは

茂木や勝間が流行《はや》るのは、多くの日本人が、こういう考え方をもとめていたからだろう。それでは、なぜみんなは、こうした「自己中心的ポジティブ人間」をもとめるようになったのだろうか。

1980年代に『サイコロジー』という心理学雑誌の編集に携わっていた友人によると、80年代には、いま以上の勢いで「自己開発」（啓発ではない）ブームが見られたという。それは、「自己開発セミナー」と呼ばれるものが大流行した現象であった。

この自己開発セミナーというのは、アメリカから移入されたセンシティビティ・トレーニング（Sensitivity Training［感受性訓練］略称ＳＴ）という能力開発技法による訓練である。このセミナーでは、エンカウンター・グループ・カウンセリング（出会い集団カウンセリング）なるものを通じて人工的に人間関係の葛藤状態がつくりだされ、各自がその葛藤の解決に取り組むことを通じて、集団で人間関係訓練がほどこされ、まるで「洗脳」のように「人格改造」がなされたのだという。

セミナーに参加して「人格改造」を果たした人たちは、「私はやればできる人だったんだ！」「いまでは、自分にはどんなことでもできる！」という全能感を懐《いだ》き、友人・知人・家族などを次々にセミナーに勧誘しては「洗脳」させるので、社会問題になった。

このＳＴは、もともと１９６０年代後半のアメリカで出てきたものなのだが、そのころのアメリカではヴェトナム戦争が泥沼化して、アメリカ人がすっかり展望を見失い、自信を失っていたのだった。このようにして、いわゆるアイデンティティ喪失状態にあったアメリカ人のなかから、一種の「自己回復運動」として興《おこ》ってきたのが、STによるヒューマン・ポテンシャル・ムーブメントだったのだ。集団的「意識革命」による集団的自助《セルフヘルプ》運動だったといっていい。

ところが、1980年代の日本では、このSTが、もっぱら個人の「潜在能力開発」という面でとらえられ、個人的な「人格改造」による利己的な自助《セルフヘルプ》として展開されたのである。

60年代のアメリカ社会と違って、80年代の日本社会は、活力と自信に満ちていた。当時、欧米諸国が「先進国病」に喘《あえ》いでいたのと対照的に、日本は一人勝ちを謳歌し、エズラ・ヴォーゲルに「ジャパン・アズ・ナンバーワン」とおだてられて、すっかりその気になっていた。そして、それがそのままバブル経済の熱狂につながっていく。

当時、日本社会にはイケイケの空気がパンパンにふくれあがっていたのだ。その日本社会に満ちていた全能感を、個人も自分のものにしたいと願望していたのである。それが自己開発セミナーとして現われてきた。

「日本は世界のトップであり、世界の中心である。そこに属している自分も、自分をとりまく個人的世界のトップになり、中心になることができるし、ならなければならない。……」

社会に満ちていた全能感を個人に取り込んで全開させ、人格を改造しようというのが、80年代日本の「自己開発」ブームだったのだ。激しい欲望、向上意欲、焦燥に駆られた攻撃性が、そこにはあった。

●自分探しと希望探し――内へ、内へと向かう「自己」

2001年以後の「自己啓発」ブームには、そういうものは見られない。

バブル崩壊後の「失われた10年」を経た日本社会には、もはや、あのような欲望、向上意欲は失われてしまった。攻撃性も影を潜めた。あるのは全能感ではなくて、その反対の無力感だ。失われた希望、失われた自己、そうした喪失感情を包む不安……。

「自分探し」「希望探し」にさまよう若者が向かっているのは、パワフルな「自己開発セミナー」ではなくて、ピースフルな「ＣＬ」や「プチ内観《ないかん》」だ。

ＣＬ（Constructive Living［建設的な生き方］）とは、「コントロールできないこと（自分の感情、相手、結果、過去など）はそのままにして、コントロールできること（自分の行動）に注意を向け、人生をより満足し意義のあるものにする」というものだ。心理学雑誌を編集していた友人の話では、これは実は日本で開発され、１９７０年代までは有効性をもっていた「森田療法」という心理療法がアメリカに受容されて変形されたもので、それが逆輸入されたのだという。

プチ内観というのも同じようなものだった。「内観で自分をリセットすると、不思議と『いいこと』が起こる」「プチ内観でキレイになった『こころ』、幸運が次々飛び込んでくる」（寺門琢己《てらかどたくみ》『プチ内観こころ塾』三笠書房）といったキャッチコピーで売っている。これも日本で吉本《よしもと》伊信《いしん》が浄土真宗の修行法にもとづいて開発した、かなり厳しい修養法である「内観法」がアメリカで簡便化されたものが逆輸入されたのだそうだ。

今日の「自己啓発」ブームも、そういう状況のなかで生まれたものなのだ。これもやはり不安に包まれた「自分探し」「希望探し」のなかで、「自分がコントロールできること」「自分でリセットできるところ」で自己本位にコントロールをおこなって、成功と幸福をゲットしようというものなのだから。

そこで啓発されようとしている自己は、80年代に開発されようとしていた自己とは明らかに異質である。80年代の「自己」が自分のまわりだけではない社会へと広がっていくベクトルをもったものだったのに対し、今日の「自己」とはコントロール可能な自分のまわりの世界にのみ特化して社会から離れ、むしろ社会とは対立しながら、自己本位に動いていこうとするものなのだ。外へ自己を押し広げていく開発ではなくて、内に自己を見つけ安定していこうとする啓発なのである。

1980年代の「自己開発」ブームは、社会の自信にあふれた全能感にあおられたものだった。2000年代の「自己啓発」ブームは、社会の不安な無力感から逃れるためにすがったものだったのではないか。

今日の自己啓発は、どうしてそういうものになっているのだろうか。実はそこに、小泉純一郎《こいずみじゅんいちろう》政権による構造改革以降の「新自由主義《ネオリベラリズム》」の影が落ちているのである。

そこで話は飛ぶが、あらためて小泉構造改革の功罪を検証してみたい。何をいまさら、と思うかもしれないが、2001年以後の日本社会をきちんと踏まえなければ、「自己本位の自己啓発」の正体が見えてこないからだ。

10年前の「構造改革」は何を壊したか

2001年4月、小泉純一郎首相の誕生を日本国民は狂喜して迎えた。内閣発足時の支持率は讀賣新聞の調査では87・1%と戦後歴代1位を記録している。

この異常なまでの人気を背景に、小泉内閣は、「構造改革なくして景気回復なし」をスローガンに「聖域なき構造改革」を打ち出し、小泉自身のことばによれば、「恐れず怯《ひる》まず囚《とら》われず」に「痛みをともなう改革」に邁進《まいしん》した。

その構造改革とは、「官から民へ」を唱えて進められた道路公団・石油公団・住宅金融公庫・交通営団・郵政事業などの民営化、「中央から地方へ」を唱えて進められた国と地方の三位一体改革などであったが、このような改革がいったい何をもたらすものであったのかは、いまとなっては、だれの目にも明らかになっている。

前著『談合文化論』（祥伝社）で具体的に明らかにしたように、民営化の推進や地方への権限委譲は、日本国家における官僚支配の構造をけっして壊しはしなかった。それをよく表わしているのは、構造改革の目玉とされていた道路公団民営化である。

小泉政権に委嘱されて道路公団民営化推進委員会の委員長代理を務めた拓殖大学教授・田中一昭《たなかかずあき》は、この改革は「惨《みじ》めな失敗」に終わったと総括し、その失敗の原因は、小泉首相がかけ声だけはかけるが、内容はすべて委員会に「丸投げ」で、そのために国土交通省高級官僚が描いた「偽りの民営化構想」にやすやすと乗ってしまったからだ、とのべている（田中一昭『道路公団改革　偽りの民営化』ワック）。

ほかについても推《お》して知るべしで、小泉構造改革は、官僚支配の構造を壊すものではなく、むしろ、とくに財務官僚の国家に対する支配力が逆に強まったということは、いまや周知の事実だ。

小泉構造改革によって官僚支配の構造が壊されたわけではないことは、「官僚主導から政治主導へ」を掲げて政権についた民主党の鳩山《はとやま》・菅《かん》の両内閣が、いたるところで強大な官僚支配の前になすところなく屈服した事実がよく示しているではないか。

それでは、何を壊したのか。小泉構造改革が壊したのは、国家における「官」の構造ではなく、社会における「公」の構造だった。官僚支配の構造は変わらないままに、公的な規制だけは続々と緩和され、それまで競争にそぐわないとされていた領域にあからさまな競争原理が導入されていった。その結果、民間における相互扶助のしくみは、次々に壊されていったのだ。

たとえば、巨大企業のような「強い者」と対抗して生き残っていくために、中小企業のような「弱い者」同士が助け合い、おたがいに仕事を分け合って、共存を図っていくといった業界自治が、「もたれあいの構造」「競争を排除する利権」などとして解体されていった。その典型が土木建築業界における「談合」の禁止、「一般競争入札」の徹底だ。これは、全産業、全経済領域に吹き荒れた「市場原理主義」「弱肉強食による効率化」という新自由主義経済政策のやりかたを集約的に示したものであった。これによって、土建業界は、すっかり様変わりしてしまった。

そして、実はいま、このことが東日本大震災からの復興に大きなマイナスの影響を及ぼしているのである（東日本大震災については別章でものべる）。

●公共事業が減って土建屋の倒産が相次いだ

震災からの復旧・復興にまず欠かせないのは土木建設工事である。瓦礫《がれき》の撤去、道路・鉄道・港湾の復旧、緊急に必要とされる住宅・公共施設・産業施設の建設……いずれも土建屋の仕事である。

ところが、2001年以後の「談合」の禁止、「一般競争入札」の徹底による淘汰《とうた》で、東北の地元土建業は深刻な打撃を受けていたのだ。

東北だけではなく全国各地で談合が禁止され、一般競争入札で過酷な価格競争を強いられた地域の中小土建企業は、仕事を確保するために、ばらばらに孤立したままダンピングに走って、おたがいの首を絞める結果を招いていた。落札率（実際の落札価格が発注側の予定していた価格の何%になったかという割合）は、90%を切るまでになり、これでは実際に工事に当たる企業はとうてい採算がとれない。仕事がとれなかった土建屋が倒産するだけでなく、落札したが利益が出ないので資金繰りができずに「落札倒産」「受注倒産」する企業も相次いだ。

そのうえ、地元土建業者が当てにしている公共事業自体が減りつづけたのだ。P31

減りつづける公共事業（東北6県全体の事業費の推移）

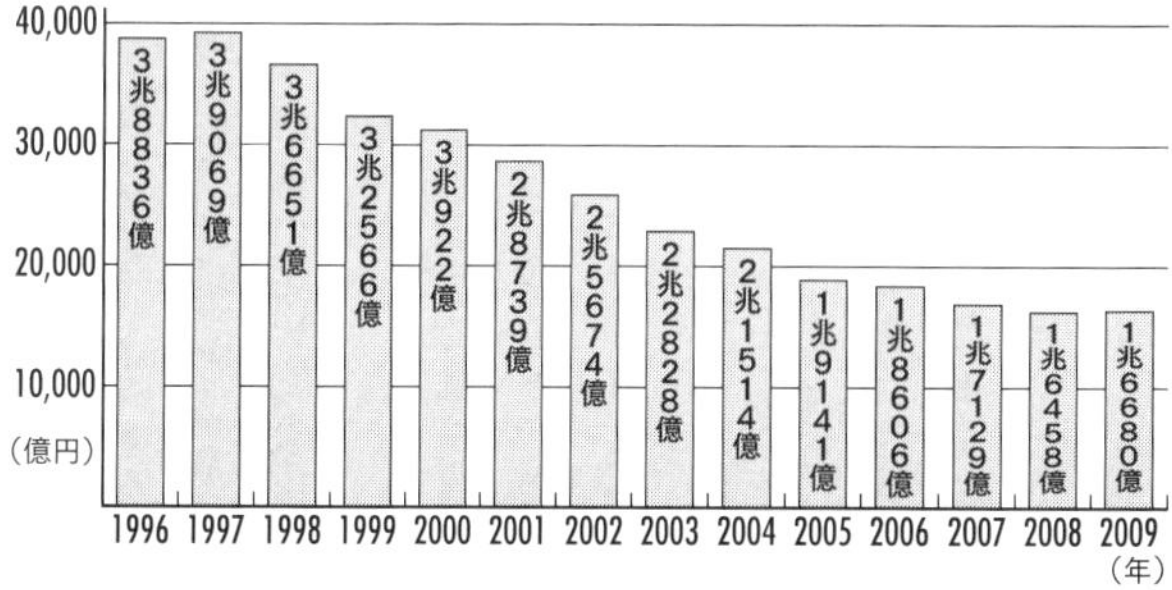

小泉政権が発足した2001年以後、東北地方の公共事業はグラフのとおりに減少している。しかしこの傾向は東北に限ったことではない。
（2011年7月21日発表、公共事業施行対策東北地方協議会「東北地方の公共事業執行機関による発注実績等資料」より。金額は補正予算を含む当初事業費で精算額は除く）

の図に見るように、東北全体での公共事業費は、小泉内閣が発足する前年２０００年（平成12年）の３兆９２２億円にくらべて、２００９年（平成21年）の当初事業費は１兆６６８０億円と半分以下になってしまっている。

これでは、地元土建業者は、とても持ちこたえることはできない。中小土建企業の倒産が相次いだ。２００８年のリーマン・ショック直前の７月には、金融機関の貸し渋りで資金繰りが一気に悪化して土建史上最悪の倒産件数が記録された。だが、このときの連続的な倒産の原因は、金融危機よりもっとベーシックなところにあったのだ。当時東京土建のホームページでは、その原因として「国と地方自治体の財政状況悪化に伴う公共工事量の大幅減少」「熾烈な低価格受注競争が地方の工事にも広がったこと」「原油・資材高騰の価格転嫁が困難になっていること」などをあげていた。そこにあげられている要因は、それ以前からいまに至るまでずっと存在しているものだ。

このときの倒産では、真柄《まがら》建設や三平《さんぺい》建設をはじめ地方の実績ある建設企業の倒産が相次いだのが特徴だったが、それは東北でも同じだった。地元の準大手ゼネコンでも、佐藤《さとう》工業が2002年に倒産、西松《にしまつ》建設が東北支店を閉鎖するなど、撤退せざるをえない羽目に追い込まれている。そして、これら地元密着の準大手ゼネコンが仕事を取れなくなれば、その下請けでやってきた地元の中小土建業者が、次々に倒産に追い込まれるというわけである。

ここには、特別な事情として東京地検特捜部による小沢一郎《おざわいちろう》叩きという異常な状況のもとで、東北の準大手ゼネコンが苦境に立たせられたという事情もあるが、それだけではなく、基本的には小泉構造改革にともなう要因が大きいのである。

公共事業、特に地方自治体の公共事業は、地元の地域土建業に仕事をまわして、地域経済を活性化させるという側面をもっていたのに、それが大幅に削減されたうえ、一般競争入札徹底のためダンピングしないと大手に仕事を持って行かれるようになってしまい、ようやくその孫請けあたりの仕事をもらっても、あまりの単価の安さに経営が立ちゆかなくなる、といった具合なのだ。

これが東北の特殊事情による特有の現象ではないことは、２０１０年8月に、国土交通省が、「地域建設業経営強化融資制度」の実施期間を延長することになったという事実を見ればわかる。この融資制度は、国や地方自治体の公共事業を受注・施工する中小・中堅の元請け建設企業を対象に、「前借り融資」を受けられるようにするなど、公共投資削減で受注が激減している中小業者の経営を継続的に支援し、建設の「連鎖倒産」を防ぐねらいで設けられたものだ。しかし、その期限が切れても、状況がいっこうに好転せず、倒産が相次ぐことが予測されるので、やむなく延長することになったというわけなのだ。

●災害復興と「自助《セルフヘルプ》」

さっきのべたように、復旧・復興といえば、まず土木建設工事である。それを地元でまかなえば、その需要をきっかけにして、被災地の地域経済は上向いていき、復興に弾みがつく。1995年の阪神淡路大震災のときは、実際、ある程度まではそうなったのだ。関西、特に地元兵庫の地域土建業は、復興事業でずいぶんと助けになった。

ところが、いま東北ではどうか。震災によって復旧・復興需要が生じているのに、それを受注できる地元企業がなくなってしまっている。全国的に見ると、阪神淡路大震災時の1995年にくらべて、土木建設業の需要がおよそ半分、就業員数は4分の3になっているといわれているが、東北の落ち込みはもっとひどい。被災地の住民を一時的にでも土建労働に雇うことができる地元の地域土建業がなくなってしまっているのだ。そして、実際の工事には、東京などのスーパーゼネコンが連れてきた労働者が当たっている。実際、いま宮城県の震災関連発注事業のほとんどがそうだという。

大震災によって、東北では失業者が7万人増えたという。仮設住宅ができて、避難所から移れたのはいいが、これからは経済的には自立しなければならないのに職がない、という人たちが大勢いる。復旧・復興工事は始まっている。なのに、それに従事している労働者は、よそから来た者ばかり。こんな状態でいいのか。

ここで話は「セルフヘルプ」に戻る。セルフヘルプ、つまり「自助」が災害復興の重要なキーワードであり原動力なのだ、という視点だ。

海外での災害復興経済をいくつも実地に経験してきた永松伸吾《ながまつしんご》関西大学准教授は、自力復興に効果的だった方式として、「キャッシュ・フォー・ワーク」(Cash For Work 略称CFW)という考え方を東北にも適用すべきだと提案していた(永松伸吾「今回の震災復興は従来のやり方が通用しない『キャッシュ・フォー・ワーク』日本版の提言」、日経ビジネスオンライン2011年3月29日)。

永松は、「被災地にある資源とは何か。それは生き残った人々であり、彼らの連帯感や郷土愛、相互信頼などである」という。これらを活用して被災地域の経済復興を促進するのに適した手法がCFWなのだという。CFWの具体的なやりかたのポイントは、被災者を復旧・復興事業に雇用して、賃金を支払うことで被災者の自立支援につなげるというところにある。

この方式は、災害からの復旧・復興を被災地住民がみずからの事業として、みずからの労働によっておこなっていくことで、モノだけでなくヒトの復興をなしとげていくものになっている。このような方式を通じて、被災地の人々自身が希望をもって生きようとする力、同じ被災者としておたがいに結びつきあい、助け合って、自分たちの手で復旧・復興をなしとげていこうとする営みが生まれる。現に東北では、こうした営みが自助による復興として動きだしているのだ。

ところが、そのような動きがありながら、そして、被災地住民の気持ちはそこに結びつこうとしているのに、それを阻《はば》んでいるものがあるために、結局、ＣＦＷは実施に移されず、旧来型の「上」と「外」からの復旧・復興が主流になって進められてきてしまっている。

「それを阻んでいるもの」とは何か。それは端的にいって、地域経済の構造が自助復興にふさわしいものになっていないことにある。というか、新自由主義「改革」で地域経済の地域内部での結びつきがズタズタにされてしまって、もはや地域のさまざまな企業が連帯して復旧・復興事業の主体を自分たちで創り出すことができにくくなってしまっているのである。

被災地住民が、いままで働いてきた地元地域で雇用を確保できることが、自助復興の前提条件なのではないか。しかし、小泉政権以後の新自由主義経済政策は、それができる地域の産業基盤を破壊してしまっていたのだ。だから、復旧・復興をみずからで進めていこうとする企業体の体制がそもそもできなくなってしまっている。

●放射能被災地を追われた人々が大切にしたもの

震災に関連して、こんな話を聞いた。原発20km圏内に住んでいたがために故郷《ふるさと》を追われた福島県川内《かわうち》村の人たちが、一時帰宅を許されたとき、自宅から避難所に何を持ち帰ったか。彼らが優先して持って帰ったものといえば、「母親の位牌《いはい》」「家族のアルバム」「ヒツジの品評会の賞状とトロフィー」……そんなものばかりが目立ったという。

自助復興をなしとげようとする気持ちを奮い立たせるものは、故郷の底のところにあった祖先とのつながり、家族、仲間とのつながりであり、その共同性のあかし、それらを取りもどしたいという気持ちなのだ。そういう意味では、家郷への愛に根づいた自助こそが復興をもたらす力になるのである。

ところが、小泉構造改革以降の新自由主義的経済思想の流れは、それに反対するものであるはずだった民主党政権を含めて、こうした関係を、よってたかって解体してきたのだ。そのことがはっきりしたのが、東日本大震災に対する対応だったのだ。

そして、その新自由主義的経済思想の背後には、いまもとめられている自助とはまったく異質で、むしろそれとは対立するもうひとつの自助思想があったのである。

●なぜ私は「小泉内閣打倒」行動に出たのか

ただ、ここではっきり言っておかなければならないのは、このような状態をもたらした責任は、国民自身にもあるということだ。そのことを反省せずに、いまの日本社会の状態を変えていくことはできない。

2001年4月26日、小泉内閣が成立したその日に、当時「電脳突破党」なる「立

日本人よ、目を覚ませ！

2001年、「電脳突破党」総裁（著者）は小泉政権打倒のために立ち上がった。

派な」政党の「総裁」だった私は、党員を率いて、国会議員会館前で「小泉内閣打倒」の示威行動をおこなった。私は、小泉が自民党総裁選に出てきて支持をかっさらっていったときから、本能的に大きな危険を感じていた。これは、まずい。だれかが小泉に喧嘩《けんか》を売って、正体を暴いておかないと、全部もっていかれる、という危機感をもったのだ。だから、すぐ行動を起こしたのだ。

政権発足3カ月後、その年の7月にあった参院選で私が白川勝彦《しらかわかつひこ》の党「自由と希望」から立候補したのも、小泉純一郎に喧嘩を売って、少しでもみんなの目を覚ましてやろうという思惑からだった。

私は声をからして訴えてまわった。小泉がやっていることは官僚政治打破ではない。官僚政治再建だ。自民党をぶっ壊しているのではない。日本社会をぶっ壊しているのだ。……だが、国民の大半は聞く耳をもたなかった。

小泉内閣成立の直後、小泉人気に恐れをなして、ほとんどすべての政治勢力が、小泉に表立って立ち向かうことを控えていた。革命児小泉に対する反革命、改革者小泉に対する守旧派の烙印《らくいん》を押されるのを恐れたのだ。

国民自身も、まわりの空気に同調して、宣伝カーの上の小泉に手を振って、英雄のように迎えていた。小泉内閣は「ワイドショー内閣」と呼ばれたが、もっぱらお昼のワイドショーを通して世の中を見ているオバハンたちが「純チャーン、純チャーン」と黄色い声をあげて、日の丸の小旗を振っていたのだった。

これは、だいぶたってからも変わらなかった。小泉に「改革には痛みがともなう」といわれると、その痛みをもっとも受ける人たちが、喜んで手を振っていたのだ。

彼らは、いったい自分は小泉の何を支持しているのか、自分でも見極めないままに、拍手喝采していたのである。それは最後の２００５年郵政民営化選挙まで変わらなかった。当時の世論調査を見ればはっきりしていることだが、国民は郵政民営化のなんたるかを理解しないままに、小泉のいう「郵政民営化の是非を問う国民投票」に熱狂していたのだ。「それでも地球は回る」と見えを切る小泉の演技や、「刺客」「くノ一」候補の話題にわき、「小泉劇場」と呼ばれた大衆演劇に酔って自民党を大勝させたのである。

それをいまになって「だまされた」というなら、戦争中、喜んで戦争協力して、反戦を唱える左翼を非国民、国賊となじり、戦後になったら「軍部にだまされた」といいながら一億総懺悔《ざんげ》で水に流したあのときと変わらないではないか。

だから、いま、いったいあのとき、あの小泉時代に自分たちは何を選択したのかをよく反省して、新自由主義が押しつけてきたものを、押し返さなければならないのである。

●「バナナ野郎」こと竹中平蔵の思想

小泉内閣で新自由主義の旗振り役になったのは、金融・経済財政政策を担当した竹《たけ》中平蔵《なかへいぞう》だ。竹中は、いつだったか、NHKの日曜討論で「国民は政府がエサをあたえてくれるのを待っていてはならない」という発言をして、大きな反撥を買ったが、これは失言ではなくて、竹中の本心を吐露したものだった。

この点に関する竹中の思想は、はっきりしている。「金持ちを貧乏人にしたところで、貧乏人が金持ちになるわけではない」というのが竹中の持論だ。高い所得を得ている人がいることはいいことであり、みんなそうなろうとすべきだ、そうなろうといくら努力してもなれずに貧しいままだという人たちに対してだけ社会的な救済を考えるべきだ、そんな努力をしないで救済にすがろうという連中をなくさなければならない、というわけである。

これはこれで一貫している。そして、これは竹中のオリジナルではなくて、サッチャー、レーガン以降のアングロサクソン新自由主義の完全な受け売りにすぎない。そもそも「金持ちを貧乏人にしたところで……」という言いぐさ自体がサッチャーの口移しなのだ。竹中が、自民党の伝統保守の連中から「あいつは外の皮は黄色いが中身は白い」というので「バナナ野郎」と罵《ののし》られた所以《ゆえん》である。

こういう考え方は、日本にはほとんどなかったものだ。伝統的な日本社会の組織原理と合わないからである。伝統的な個人主義と自由主義を基盤にして近代社会が形成されたイギリス、アメリカでは、こういう新自由主義の考え方も、それなりの根をもっていた。だが、個人主義も自由主義もありはしなかった日本では、まったく根づくことができなかった。自由主義がないところで新自由主義が受け入れられることはありえない。

だが、２０００年代初めという時点において、バブル崩壊後長く続いた閉塞《へいそく》状況の下で、日本社会の伝統的組織原理から脱却しなければならないのではないか、という思いが強くなってきていた。そんななかで、現状打破のパトスを感じさせる小泉の劇的登場にのっかって、こうしたいままでになかった発想も、ある新しさと変革力を感じさせるものとして受け取られたのだった。

このようにして、構造改革が推し進めた「民間でできるものは民間で」「地方でできるものは地方で」という方向は、「自分でできるものは自分で」という方向にも集約されていったのである。「俺たち政府がエサをあたえてやるのを待っているんじゃなくて、自分でやれ」というわけだ。

こういう意味での「自助」がおしつけられてきたのである。

このおしつけられてきた自助を、若者をはじめ多くの日本人が、おしつけられたとは思わず、みずから進んでいそいそと、あるいは不安に駆られて懸命に、「自力をつけよう」と自己啓発に勤《いそ》しんだのであった。それが2001年以降の「自己啓発」ブームだったのである。

●かくして日本は「負け組」が主流になった

それでは、その結果はどうだったのか。みんな、それなりの成功と幸福をゲットしたのだろうか。

そうはならなかった。

まず貧困が顕著に増大した。貧乏人が増えたのだ。相対的貧困率（所得の中央値の半分以下〔2010年で約112万円以下〕の所得しか得ていない世帯の割合）は、小泉以前の1998年には14・6％であったものが2010年には16・0％に上昇し、OECD加盟30カ国中ワースト4位に落ち込んでしまっている。一方で、生活保護受給者は1998年の100万人が、2011年には200万人と倍増した。一人あたり国民所得が世界19位（2011年5月、WHO調べ）なのに、貧困者の率がこんなに高いのは、異常な社会になってしまっているといわなければならない。

小泉政権末期の2006年くらいから「勝ち組・負け組」の二極化ということがいわれるようになった。JMR生活総合研究所の2006年の調査によると、世帯年収で1500万円を超えると「勝ち組」意識が強くなり、800万円以上で「どちらかというと勝ち組」意識が強くなる、という。一方、600万円未満で「どちらかというと負け組」意識、400万円未満で「負け組」意識が強くなる、という結果が出ている（『2006年消費社会白書』）。年収600万円が勝ち組・負け組意識の分かれ目になっている。この基準で見れば、いま結果はどうなっているか一目瞭然であろう。

年収600万円未満というと、つい最近の2011年10月12日に厚生労働省が発表した医療費の患者の自己負担月額を一定範囲内に抑える措置で、負担軽減を図るべき基準とされたのが「年収600万円未満の低中所得層」なのだ。かつての「中流所得階層」が陥没して、この層に属するようになったから、この層の負担軽減を政策的に考えなければならなくなっているのだ。いまや、この層が日本社会の中心的所得層になりつつある。つまり、「負け組」層が日本社会の主流になってしまったのである。

実際、第一生命経済研究所経済調査部のレポート（第一生命経済研究所 *Economic Trends* 2010年3月12日）によると、「家計調査年報」にもとづいて、小泉改革以前の2000年から改革を経た2009年まで、世帯年収階層別の世帯数がどう推移したかを計算した場合、年収200〜400万円の世帯数は実に1・5倍以上に増えていて、逆に1500万円以上は3割減、1000〜1500万円は2割減となっている。

より細かい階層まで見ると、年収650万円が分岐点になり、それよりも低い階層は世帯数が増加し、それ以上の所得階層では世帯数が減少している。特にここ数年で著しく下がっているのは年収800〜900万円の中流に属する世帯階層である（2

005年→2009年で16%減)。ここには、かつての「中流所得階層」が「低中所得層」に陥没した様が示されている。

こうした「中流の没落」については、近年たくさん出された「格差社会」についての研究やドキュメンタリーがまざまざと示しているところだ。新自由主義改革は、ほんのひとにぎりの勝ち組と膨大な数の負け組を生み出し、所得格差だけではなく希望格差をともなった「希望格差社会」(山田昌弘《やまだまさひろ》『希望格差社会』筑摩書房)に日本社会を変えてしまったのだ。そして、山田昌弘のこの本の副題にあるように「『負け組』の絶望感が日本を引き裂く」ことになってしまっているのだ。

これが新自由主義改革の帰結である。

その一方で、そのひとにぎりの勝ち組の実態もお寒いものなのだ。それは、「ヒルズ族」なるにわかIT長者を見てみればわかる。

彼らは、自己啓発に励んでみずからを高め、資格を取って努力の末に成功したのではない。ITビジネスというのは、検索サービスビジネスにしても、e-コマースビジネスにしても、インターネットというものの本来の性質からして、短期間の内にかならず少数の企業が独占して市場が安定することになっているものなのだ。その地位を手に入れるのに必要なのは、啓発された能力でもなければ、資格を認められた技能でもなく、相手を出し抜く才覚だけである。

ライブドア事件の堀江貴文《ほりえたかふみ》も、村上ファンド事件の村上世彰《むらかみよしあき》も、「もの言う株主」「古い企業体質への挑戦者」といったふれこみで改革者を装ったが——そして、それ故、小泉や竹中は彼らをもちあげたが——、結局、株価操作まがいの異常な株式分割とか、会計操作による企業価値のみせかけの上昇とか、そうした裏技を使ってカネを集める才覚——それがなかなかのものであることは、私も認める——が「勝ち組」の彼らにはあった、ということにすぎない。しかも、堀江も村上も、こういう風潮が蔓延することによって生じる社会的影響に危険性を感じた検察権力の手によって葬り去られてしまったわけで、「勝ち組」には「勝ち組」の悲哀があったというべきだろう。

●法科大学院、TOEIC、MBA……資格は「成功」につながったか

これに対して、自己啓発と資格取得に励んだ結果、成功を手にしたという人は、さ

さやかな成果はともかく、どれだけいるか、おおいに疑問である。

資格については、鳴り物入りで始まった新司法試験と法科大学院制度のなりゆきが、よく示している。

新司法試験と法科大学院制度がスタートしたころ、法実務官僚出身で法科大学院教授になった知人が、この制度は、実はアメリカのためにつくられたものなんだ、といっていたのを思い出す。

彼がいうには、こんな制度にしても、いまの大学教育の実態からして、法務省がいうように司法試験合格者が大量に増えるなどということはありえない、だから、いままで以上に大量の落第者が生まれるだけだ、そしてむしろそれがねらいなんじゃないの、ということだった。

「アメリカの弁護士業界が、いま日本の市場をねらっている。特に経済関係の民事の市場だ。そこに参入しようとしているのだが、いきなり入ってきても、アメリカとは大きく事情の違う日本の事例を捌《さば》くことはできない。そこで、法律がある程度専門的にわかって、日本の事情に詳しく、日本語ができるスタッフが大量に必要となる。法科大学院を出て新司法試験に落ちたやつ、こいつらがそれに最適だ」

ねらいはそこだよ、とその教授はいっていたのだが、「当たらずといえども遠からず」だったのではないか。実際、新司法試験の合格者は目標にはるかに届かず、合格者を出せない法科大学院は次々に行き詰まり、専門知識と技術はかなり身に付けたけれど資格は得られずに終わった若い法律の半専門実務家が大量に生み出された、という結果になっている。

ほかの資格にも同じようなところがありはしないか。ほんとうのねらいがそこにあるのかどうかは別にして、さまざまな領域で、ある程度の専門的な知識と技術を身に付けた、使い勝手のいい半専門・無資格者が企業のなかとそのまわりに大量に生み出されたというだけの結果になっているのではないだろうか。

もともと、戦後の「受験戦争」の効用も、同じようなところにあったのだ。東大に合格してエリートの道を進める「成功者」はほんの一握りだが、そこをめざしながら、それ以外の半一流、二流といわれる大学に進んだ「失敗者」たちは大量にいる。彼らの多くが、少数の「知識エリート」ではなくて大量の「知識プロレタリア」として日本の経済、社会の発展に果たした役割は、実はきわめて大きかったのである。

私が1965年に早稲田大学法学部に入学したとき、法社会学の授業で、教授が「君たち、勘違いしてはいけないぞ。早稲田法学部は、東大法学部とはまったく違うんだ。君たちは、東大生とは違って、将来労働者になって労働者として一生を終わる人間なんだ。だから、労働者に必要な法学、特に労働法をしっかり勉強しなさい」といっていたことを思い出す。この教授のいっていたとおりだ。そして、労働者で終わる人間のなかに、それなりに法の専門知識と技術がかなり大量に持ちこまれたことの意味は非常に大きかったと思うのだ。

資格取得ブームは、これとはちょっと違うが、実は波及効果のほうが大きいという点では同じなのである。

誰でも知っている総合商社の社員で、海外勤務歴も長い男がこんなことをいっていた。

「部長昇進の条件がTOEIC750点以上だったから、それなりに勉強はしてスコアをクリアしました。あと、MBA（経営学修士）も、もっていると有利といわれたので、土日を使ってビジネススクールに通いましたね。

だけどTOEICスコアやMBAが仕事で絶対に必要かというと、私はそうは思わない。一所懸命勉強した充実感はありますが、それはあくまでも個人的なもので、どだい英語を使わなければ仕事にならない環境にいれば、いやでも英語は覚えます。資格をもっていなくても、仕事ができるやつはできる。

逆に、TOEIC950点、ハーバードビジネススクール出身のMBAホルダーなんてすごいキャリアの人間が、現場では使いものにならないケースがある。資格を取ったことで満足して、勉強した中身を忘れちゃっているんです。これでは資格の意味がありません。なんのために資格を取るのか、本人の意識がいちばん問われるということだと思います」

●小泉・竹中の『自助論』礼讃ぶり

さて、小泉純一郎や竹中平蔵が、こうした結果を生み出すだけの「自助」をおしつけるために使ったのは、名著と謳《うた》われてきたサミュエル・スマイルズの『自助論』であった。原題は、まさに「セルフヘルプ」（*Self-Help* by Samuel Smiles）である。

小泉首相は２００３年１月の第１５６回国会の施政方針演説で、こうのべている。

> 英国の作家スマイルズの著書『自助論』は、明治の多くの青年たちの心をとらえたといわれます。みずから志《こころざし》を立て、懸命に学問を修め、勤勉努力した若者たちが主役となって近代国家日本の基礎が築かれました。新しい時代を切り拓《ひら》くのは、いつの時代でも、自助自律の精神の下、他者への思いやりと高い志を持つ青年たちです。人こそ改革の原動力です。

どうもこの直後から竹内均《たけうちひとし》訳『自助論』が急に売れるようになって、ブームが来たらしいということだ。それが事実なら、今回の『自助論』ブームの火付け役は小泉純一郎だったということになる。

さらに小泉は、政権末期の２００６年３月６日、参議院予算委員会で、『自助論』について語っている。

このとき、いまは復興担当大臣を務めている民主党の平野達男《ひらのたつお》が、次のように質問した。

私は、本会議でサミュエル・スマイルズの『自助論』のことを持ち出しまして、あれは明治に大ベストセラーになったんですね。大ベストセラーになったというのは、これはやっぱり考えてみたら日本人にぴたっと合ったと、あの考え方が。つまり、私らの遺伝子の中に相当組み込まれているんじゃないかと、自助論、自助、自助という精神が。……［国民は］耐えに耐えてやっともってきた。だから、私は本当に、今本当にそういうことで、こういう状況に達して明るさが見えてきたということであれば、私は、総理には、自助論、自助、自助と言ってきたんですから、小泉内閣の成果をいう前に国民にやっぱり感謝をすべきじゃないかと。

平野達男本人が『自助論』を高く評価しているのだ。そして、国民が忍耐しながら自助の精神でやってきたおかげで展望が見えてきたんだから、首相は国民に感謝すべ

きだといっている。これに対して小泉は、

スマイルズの『自助論』、『西国立志編《さいごく》』（明治4年、*Self-Help* が初邦訳された時のタイトル）、これはもう明治時代のベストセラーで、極めて具体的に、みずから多くの人がみずからを助ける精神で努力してきた、これが国を興すんだと。これはもうどの国においても、どの時代においても、みずから助ける精神とみずからを律する精神、これなくして発展はないという私は考え方であり、これは同感でありまず。政治として大事なことは、企業においても個人においても、みずからを助ける精神、みずからを律する精神を国民が持たなかったら発展しない、そういう環境をつくるのが政治で一番大事だということを痛切に感じております。

と答えている。

また、竹中も、ことあるごとに『自助論』をもちだして、推奨している。1990年ころに師匠と仰ぐ作家の小島直記《こじまなおき》に勧められて読み、「胸を高ぶらせた」ということだ。2010年3月2日におこなった「世界的変化を直視することが日本再生の第一歩」という講演では、次のようにのべている。

「必要なのは、民営化と規制緩和です。……法人税減税と規制緩和を伴わない経済成長はありません。日本は今、その現実から背を向けてしまっています。すると直感的に考えて、この国の未来は暗い。活性化は難しくないんです。どの国も一生懸命やっている。他の国がやっていて、日本がやっていないことをやればいいんです。法人税引下げ、規制緩和を徹底的にやればいい。ところが、国が丸抱えにして、例えば企業再生支援機構がダメになった企業を助けたり、郵政を国有に戻したりしてしまっている」

——というわけで、これらは竹中が小泉政権時代にいっていたことそのままである。

そして、それをやりきるには指導者のリーダーシップが大事だとして、こういっている。

リーダーの資質の問題もあります。最近、私は学生にサミュエル・スマイルズの『自助論』を薦《すす》めることにしています。これは小泉さんも好きな本です。

自助自立を忘れたら、社会は成り立ちません。社会が成り立つ原則が自助です。自助自立しているからこそ、本当に困っている人にお金を回す仕組みが作れる。ところが、麻生（太郎）さんも鳩山（由紀夫）さんも自助を完全に否定している。私が助けてあげます、と。

その意味で、麻生政権と鳩山政権は似ていますね。でも国民は厳しいことを言うリーダーを待っていると思う。


これが竹中平蔵の『自助論』讃美の根拠だ。

●「『自助論』の８割を実行すれば成功できる」

それから、勝間和代も『自助論』礼賛者の一人だ。

神田昌典《かんだまさのり》＋勝間和代『10年後あなたの本棚に残るビジネス書１００』（ダイヤモン

ド社）によると、勝間は26歳のときに『自助論』に出会って以来、「自分の行動の基本書」にしているという。そして、この本のなかで、スティーブン・R・コヴィー『7つの習慣』（キングベアー出版）、ジェームズ・アレン『原因と結果の法則』（サンマーク出版）とともに「この3冊読めば自己啓発本は十分」という3冊の筆頭に、この『自助論』をあげている。そして、その理由として、

「自分の人生は自分の手でしか開けない」「人に頼ってはいけない」「楽をする前に汗をかけ」「金は人格なり」など、どれも当たり前のことですが、日々の仕事に埋もれがちだった当時の私にとっては、決して当たり前のことではありませんでした。

ここに書かれていることの8割を実行できれば、成功しないほうがおかしいのでは？

と書いているのだ。

さらにあげると、新自由主義を支持し、幸福実現党の政策として公務員も含む全面的な「能力制」導入を掲げ、「誤てる友愛は国を滅ぼす」と叫んでいる「幸福の科学」の大川隆法《おおかわりゅうほう》も、『自助論』をもちあげている。

大川隆法『政治の理想について　幸福実現党宣言②』（幸福の科学出版）では、冒頭の「まえがき」に、こう書かれている。

左傾化し、セルフ・ヘルプの精神を失った国民の国家は必ず衰退していく。本書［『政治の理想について』］が、新時代の『自助論』（サミュエル・スマイルズ）であり、『国富論』（アダム・スミス）である。未来日本の礎《いしずえ》がここにある。

幸福の科学出版は、竹内均訳の抄訳『自助論』ではあきたりないと、全訳を現代語訳で出版（『自助論　西国立志編　―努力は必ず報われる』上下［教養の大陸ＢＯＯＫＳ］）するほどの力の入れようだ。

●「自己本位の成功」に酔った読者たち

このようにもちあげられたスマイルズ『自助論』の翻訳本は、2000年代を通じてよく売れたという。竹内均訳で三笠書房の知的生き方文庫に収められた『自助論』は、いまだに売れつづけているようで、アマゾンの「カスタマーレビュー」を見ると、2003年以来とぎれることなく、83件の読者によるレビューが寄せられており、2011年だけでもすでに10件寄せられている。読者による評点の平均も、5点満点で4・5近くと高い。

ただ、レビューを通読してみると、ほとんどの読者が、成功ノウハウ本、ビジネス金言集として読んでいる。まあ、そういう仕立てになっているのだから、無理もないが。

「幸せになりたい人、経営者になりたい方、お金持ちになりたい人のための〝心がけ〟が、この本の中にあります」

「自己啓発書としては完璧ではないでしょうか」

「怠惰な時に読むとメラメラとやる気を回復させてくれるすばらしい本」

という具合だ。

「購入のきっかけは、勝間和代さん」「勝間さんのお勧めということで、つい買っちゃいました」という人も何人か見かけた。

また、人生論として読んでいる人たちもいるが、その場合には、さっきいった「自分がコントロールできること」「自分でリセットできるところ」で自己本位にコントロールをおこなって、成功と幸福をゲットしようという志向から読んでいる人が多い。

「自助=自分を助ける　すなわち、自分を成功させる、自分を成長させ自分の人生を豊かなものにするには、内的コントロール（自分）から変えていく事が大事であることを教えてくれる本でした」

「自分と未来は変えることができます。それは、今目の前にあることに感謝をし、自分から行動し、何事も他人のせいにせず、熱意を持って一生懸命がんばることで、成功に向かうことができます」

「全ては自分自身の思考、想い、熱情、行動に起因する。少なくともこう考えたほうがハッピーに生きられる。とても前向きで、能動的な生き方を教えてくれる本だ」

というふうに読んでいるのだ。

このように受け容れられているスマイルズ『自助論』がいう「自助」とはどういうものなのか。いまあげた礼賛者たちがいうように、「友愛」を否定し「人に頼らない」のが自助なのか。章を改めて検討してみることにしたい。

2

ゆがめられた『自助論』

●いま読まれている『自助論』は「抄訳」である

イギリスの著述家サミュエル・スマイルズが書いた『自助論』(*Self-Help*)は1859年に出版された著作だが、日本語訳はいくつもある。いま一般に読まれているのは、物理学者の竹内均が訳して三笠書房から出ている知的生き方文庫版『自助論』(三笠書房)である。

だが、この翻訳には大きな問題がある。これは全訳ではなくて抄訳であり、しかもある部や章を省略したのではなく、つまみ食いのように、所々を取り出して訳しているのだ。そこには、当然、訳者個人の関心と問題意識が反映されており、竹内均解釈による自助論になっているといっていい。

全訳のほうは中村正直《なかむらまさなお》訳『西国立志編』が講談社学術文庫に入っているから、手軽に手にはいる。ただし、これは1871年(明治4年)に出された翻訳で、そのため文語調で訳語もむずかしく、すらすら読めるというわけにはいかない。ただし、漢字にはふりがなが振ってあるから、辞書を引きながら読めば、なんとか読める。

前章にあげた『自助論』礼賛者は、みんな竹内均の抄訳を材料にしており、だいた

『自助論』の精神とは何か

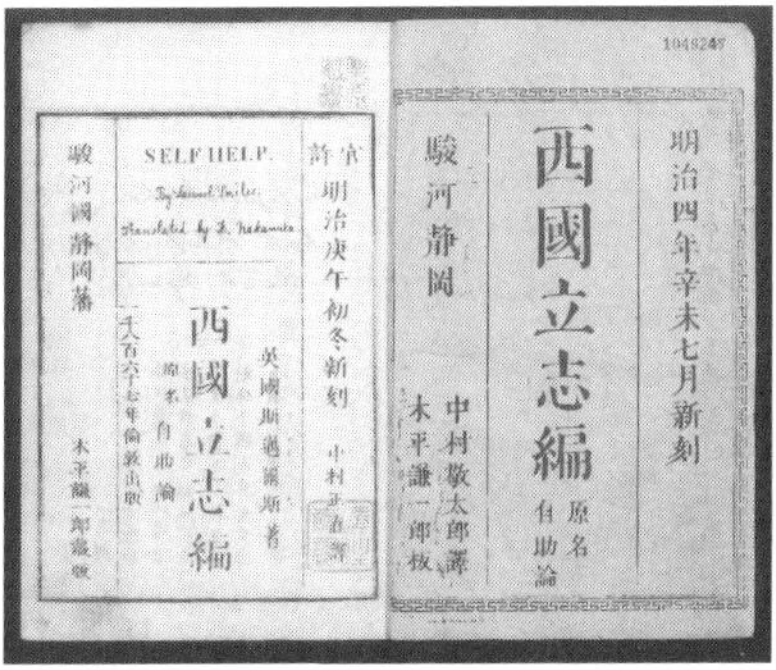

『西国立志編』（京都外国語大学付属図書館蔵）。中村正直がスマイルズ（右）の‘*Self-Help*’を全訳した。

いが全訳を読んでいないらしいか、読んでいても、竹内訳では削られているいくつもの大事な点にふれている者はいない。「削られている大事な点」とは何かについては、これからおいおいのべていくが、礼賛者たちは、その大事な点を欠落させたまま、いわば「ゆがめられた『自助論』像」を讃美しているのだ。

だから、もし『自助論』から何かを学びたいと思うのなら、ぜひとも全訳を読む必要がある。文語文より英語のほうがいいという人は、ペーパーバック版も出ているし、原典をインターネットのオンライン・ライブラリーで読めるから、そっちを読んだらいい。

さて、本の内容だが、『西国立志編』というタイトルは、よく中身を表わしていて、この本は「西国」すなわち欧米諸国において「立志」すなわち志を立てて人生を切り開いていった人たちの列伝をまとめたもの（「編」）なのだ。

出てくる「立志の人」は、数えた人によると300人に上るという。最近の礼賛者は、企業家の成功談であるかのようにいっているが、企業家はあまり出てこない。非常に多く取り上げられているのは、科学者と芸術家である。

スマイルズは、医学を修めた人間だし、当時イギリスでは鉄道をはじめ科学技術の発達が社会を大きく変えつつあったので、科学技術の発見や発明がどのようにしておこなわれたのかに深い関心をもって調べていた。だから、科学者・技術者がたくさん出てくる。また、スマイルズは、少年のころ画家志望だったので、画家や彫刻家に関心をもっていたのだろう。そういう芸術家が、詩人や小説家を含めて、たくさん出てくる。企業家ではフェアエル・バクストンとかジョン・ハワードとかいう人たちが出てくるが、この人たちは、事業家は事業家でも慈善事業家である。

また、抄訳だと、成功の秘訣を書いた成功ノウハウ本みたいに仕立てられているが、全訳を読めば、そうではないことがわかる。スマイルズにとっては「成功」が問題なのではなく「立志」が問題なのであり、「秘訣」ではなくて「精神」が語られているのだ。

この「精神」ということで重要なのは、スマイルズが書いたふたつの序文――「第一版序」「原序」――なのだが、竹内訳ではこれらは訳されていない。

こうして、いま流布している竹内均訳『自助論』は、いまの社会で成功者になるための秘訣集、金言集みたいになっているけれど、もともとの原著はそうではない、ということに注意しなければならない。だから、スマイルズがいいたいことをつかむためには、ぜひとも、全訳か原典を読んでほしいのだ。私も、やっかいだったけれど、抄訳『自助論』だけではなく、全訳『西国立志編』を読んだ。

●著者・スマイルズとは

全訳を読んでみて、いちばんおもしろかったのは、実は発明物語だった。『西国立志編』の第二編「新機器を発明創造する人を論ず」、第三編「陶工三大家」は、竹内訳ではほとんどカットされているが、リチャード・アークライト、ロバート・ピール、ウィリアム・リーなど産業革命期に新しい機械を発明した人たちが、どんな努力と苦心を払って発明に至ったかを具体的に書いていて、おもしろく読んだ。

ちなみに、スマイルズが作家として有名になった出世作は、1857年に出た『ジョージ・スティーヴンソン伝』であった。鉄道会社に勤めていたスマイルズは、蒸気機関車の運転に初めて成功したスティーヴンソンの技術者精神を生き生きと描き出すことができたのである。以後、スマイルズは、科学者・技術者の評伝で名を上げていくことになる。

『自助論』に書かれている発明物語がおもしろいのは、この当時の科学者・技術者の探求精神が生き生きとしているからだ。それがスマイルズの叙述に反映している。そして、それは科学者・技術者の精神に限らない。この本に出てくるさまざまな人たちの努力と苦心を支えていた精神は、それぞれが生きて脈動しているように感じられる。スマイルズが描こうとしたのはそれなのだ。このことは『自助論』を成功の秘訣集、金言集として読んだのではわからない。

　これらの精神は、近代という時代がまだ若くて健康だったころの近代精神なのである。その近代精神としての自助精神は、スマイルズの場合、キリスト教プロテスタンティズムとイングランド自由主義を柱としたものであった。

　サミュエル・スマイルズは、学業半ばで父を亡くし、以後母に支えられて生きてきたが、母親は長老派《プレスビテリアン》の一派カメロン派に属する敬虔《けいけん》なピューリタンの信徒であった。一家全体がそうだったのだが、特に母親の信仰は篤《あつ》く、サミュエルはその影響を深く受けた。だから、『自助論』に表われている自助精神というのは、みずからの職業を神からあたえられた天職として受けとめ、それを勤勉と努力によって全《まっと》うすることをもって神の呼びかけに応えるものだとするプロテスタンティズムの職業倫理にもとづいているのである。

　また、スマイルズは、若いころから自由主義思想に燃え、『自助論』を書く前、1840年代には、リチャード・コブデンやジョン・ブライトといった自由主義者とともに反穀物法同盟に拠《よ》って、自由貿易実現のために闘っている。この事実からもわかるように、スマイルズは産業資本主義確立期の古典的自由主義者なのである。その自助精神は、こうした近代が若かったころの自由主義にもとづいている。

『西国立志編』の中村正直は、スマイルズの自助精神のこうしたバックグラウンドを、彼なりによくとらえている。それを示しているのは、この翻訳のなかに訳者として書き入れた「第一編序」である。この序文で正直は、なぜこの本を訳したのか、その理由に関連して、「ヨーロッパ諸国はなぜ強いのか」と問うて、次のように答えている。

西国の強きは兵によるというか。これ大いに然《しか》らず。それ西国の強きは、人民篤《あつ》く天道《てんどう》を信ずるによる。人民に自主の権あるによる。政寛《かん》に法公《こう》なるによる。

ヨーロッパ諸国が強勢なのは、軍隊の強さによるのではなく、信仰が篤く人民が自主と自由に生きているから強いのだ。だから、軍事書を訳さずに、その信仰と自主・自由にもとづいて自助の精神を説いているこの『自助論』を訳したのだ、と中村正直はいっているのである。

●「抄訳」にはない、もうひとつの重要なこと

スマイルズ『自助論』には、もうひとつのバックグラウンドがある。これも、抄訳を読んだのではわからない。そのバックグラウンドとは、産業資本主義の社会のなかで、労働者がどう自立できるか、貧しい青年がどう自立できるか、というスマイルズの問題意識なのだ。

竹内訳では訳されていない「自助論　第一版序」（スマイルズ自序）では、この本を書いたもともとの理由はどこにあるか、として、その理由を物語っている。いま、中村正直の文語文の訳を現代文に書き換えて、おおまかにのべると、それはこんな話である。

非常に貧乏な少年工たちが何人か、ある冬の夜、話し合っているうちに、みんなでいっしょに勉強して知識を身に付け、志を果たすために協力しあおうということになり、夜学の勉強会を始めた。仲間の小さな家に集まったり、庭に集まったりして、お

たがいに先生になりあって、教え学びあった。

その勉強会も回数を重ねるうちに参加者が増え、集まる場所に困るようになった。そこで、ほんの少額の工賃のなかからもちよって資金を集め、建物を借りた。それはコレラが流行したときに避病院として使われた建物で、そのためだれも借りる者がなく、とても安く借りることができたのだ。この建物を借りられたことで集まる人数が増え、100人ほどまで数えるようになった若い労働者たちは、その陋屋《ろうおく》で、おたがいに教えあう日々を重ねたのだった。

その様をスマイルズは、こう書いている。

朋輩《ほうばい》中、少しく知る者は、己《おのれ》より知らざる者を教え、みずからを修《おさ》め善《よ》くする間に、他人を修め善くし、すべてそのなすところのこと、一箇の勉作する儀範《ぎはん》を立てたり。かくして、この少年相互《あいたが》いに、読書作文、算術地学を、あるいは教え、あるいは学び、なかには、数理科学、および諸国の言語を教学するに至れり。

やがて、彼らは講師を招いて講演を聴くことを企《くわだ》て、その講師を同じ町に住むスマイルズに依頼してきたのだ。

スマイルズは、そのころ、文筆家として名を知られるようになり、また自由主義者として、労働者の自立を助けるべきことを説いて、チャーチスト運動に理解を示していた。チャーチスト運動というのは、１８３０年代後半から40年代にかけて、普通選挙権を求めて興った労働者の運動で、スマイルズは政治革命を追求する運動指導者には批判的だったが、労働者が権利を確立して自立することは支持して、彼らの運動に同調していたのだ。

こうした考え方をもっていたスマイルズであるから、この青年たちの夜学の精神こそ「みずから助くる精神」であるとして、講演を引き受けた。そして、その講演のなかで、先人の実例を引きながら、あらためて自助が大事であることを具体的に話し、特に、「なかんずくその最要なるものは、人たるもの、おのおのその職分を尽くすに、正直誠実なるべし」と強く説いたのであった。

その後、年月がたってから、そのときの夜学の青年の一人にたまたま出会い、「先生が教えてくれた精神を忘れずにやってきて、志を果たしました」と感謝されたのをきっかけに、あのときの話をもっと敷衍《ふえん》して著作として残しておこうと思い立って、あらためて書いたのが『自助論』だったのである。

●なんのために自学自修するのか

そのときの講演の内容について、これ以上のことは『自助論』には書かれていないが、スマイルズの自伝には、詳細に書かれているようだ。その自伝にもとづいて明治時代に書かれた鶴田賢次《つるたけんじ》『自助論の著者・スマイルズ翁の自伝』（博文館。この本は、国会図書館近代デジタルライブラリーを通じてインターネット上で読むことができる）によると、この夜学をやっていたのは、リーズという町の「青年相互改良会」という労働者青年団で、スマイルズが講演したのは1845年3月であった。そのときスマイルズは、こんなことを話している。鶴田の本にもとづきながら要約して示そう。

なんのために自学自修するのか。自修によってえた力によって貧困から抜け出し偉くなって財産をえることが目的ではない。「知識を磨くは今日の低い地位から、他日の高きに達せんとする手段に過ぎないと思惟するは大間違《おおまちがい》の料見《りようけん》である」。

それではなんのためか。労働者の仲間で自学自修するのは、「数名を社会の上流に昇らせようというのではなく」「幾万の人々をしてソレゾレに有徳でありソレゾレに聡慧《そうけい》である様にならせ」るためである。そのために、みんなで知識を修めるのだ。

本当の繁栄とは何か。国の富がどれほど大きく、物資の製造の方法手段がどれほど完備していても、それだけでは国が栄えているとはいえない。「国民が有識であり有徳であるが上に確乎《かっこ》な品性を具《そな》へて居《お》るのこそ本当の繁栄」である。それをつくるために、われわれは学ぶのだ。

だから、われわれが学ぶのは、一言でいえば、「人として人が斯《こ》の世《よ》に在る間は為《な》すべき事と履《ふ》むべき道」を身に付けるためである。

スマイルズは、おおよそこんなことを語った。これらの精神が、『自助論』の原型になった青年相互改良会での講演のエッセンスだったのである。今日の『自助論』礼賛者たちがいっていることとずいぶん違うことに気がつくだろう。そして、このエッセンスは、また先にのべた自助精神のありかたは、当然のことながら、『自助論』のなかにも貫《つらぬ》かれているのである。

そのポイントは次のような点にある。

●『自助論』の精神①――《自助は利己ではない》

『自助論』のなかでスマイルズは、「自助は利己ではない」とはっきりいっている。

これも竹内訳では省略されている「自助論　原序」では、「もし人ただ〔『自助論』という〕表題によりて、セルフィッシュネス（みずから私《わたくし》するの意）と混淆《こんこう》し、みずから私《わたくし》することを讃美するの書なり、と思うときは、作者の意とまさに相反《あいはん》することとなり」とのべられており、作者は、主として少年たちに志を立てて勤労を惜しまず刻苦勉励して、自立すべきことを説いたのであって、その自立はけっして利己のためのものではない、といっている。この点は、スマイルズのいう自助の大前提になっている。

青年相互改良会での講演でいっていた「知識を磨くのは自分の立身出世のためだと思うのは大間違いだ」という考え方が、ここでも強調されているのだ。

日本では、ともすれば、個人主義と利己主義が混同される。社会において個人が自立すること、個人の人格をおたがいに認めあうことと、社会のつながりを無視して自分の利害のみを追求することが、同じことのように考えられてしまう傾向がある。だから、「自助」と「利己」が、同じではないにしても、同じようなものとしてとらえられがちなのだ。

今日、競争万能の観点から『自助論』を讃美している新自由主義者たちも、事実上、そういう見方に陥《おちい》っているか、あるいは少なくとも、そうした混同に依拠している。しかし、そうではなく、《個人主義にもとづく自助》と《利己主義にもとづく利己》とは別のものである、とスマイルズは強調しているのである。

そして、自助は利己ではない以上、他助あるいは相互扶助と矛盾するものではない。いや、むしろ、それらと一体のものである、とスマイルズは考えている。

●『自助論』の精神②――《自助は相互扶助と両立する》

スマイルズは、だから、「自助は相互扶助と両立する」ということを「自助論　原序」でわざわざ強調している。

すなわち、自分はこの本のなかで、「文学者《リテラリー》」「科 学 者《サイエンティフィックメン》」「芸術家《アーティスト》」「発明家《インベンターズ》」「教育者《エデュケイター》」「慈 善 家《フィランソロピスト》」「伝道者《ミッショナリーズ》」たちのおこなったこと、考えたことを書いたが（前にもふれたように、『自助論』で取り上げられているのは、スマイルズがここにあげたような人たちであり、企業家、商人、銀行家などはほとんど出てこない）、「これらの人の遺《のこ》せる標準典型によりて観るときは、そのみずから助くるの職分を尽くすの中に、他人を助くるの意は、おのずから包含すること明らかなり」というのだ。

みずからを助けること（自助）を尽くそうとすれば、そこには、自然に、他人を助けること（他助）、おたがいに助け合うこと（相互扶助）が含まれてくるというのだ。

これは、青年相互改良会での講演でいっていた「各人それぞれが、それぞれのかたちで、いっしょになって向上していくために自助があるのだ」という考え方に通じる。

竹内訳で訳されている部分にも、このことは説かれている。

たとえば、イギリスの詩人ワーズワースについて書かれたところで、「依存心と独立心、つまり他人をあてにすることと自分に頼ること――この二つは一見矛盾したもののように思える。だが、両者は手を携えて進んでいかなければならない」というワーズワースのことばを引き、またフランスの政治家アレクシス・トクビルについて、彼が「自分の力を信頼し、精力的に働く」ことと「他人からの援助や支えがどれほど貴重であるか」ということとをともに認めていたと強調し、自助と相互扶助が表裏一体であることを説いている。

また、今日の消費協同組合・生活協同組合のもととなったロッチデール公正開拓者組合が組織されたロッチデールの労働者集会での話をのべたところでは、労働者にとって自助は相互扶助と一体になってこそ果たせることを示唆している。

●『自助論』の精神③――《自助は成功のためではない》

スマイルズは、さらに、「自助は成功を求めるためではない」ということを「自助

論　原序」に書いている。そこには、次のようにのべられている。

人あるいは功なくして敗《やぶ》るるものあり。しかれども、善事を企《くわだ》てて成《な》らざる者は、善人たることを失わず。ゆえに敗るるといえども貴《とうと》ぶべし。不善のことをなして、一時あるいは成就するとも、ただに汚名を流すのみ。ゆえに人のことをなすは、善悪如何《いかん》、と問うを要す。その跡《あと》の成敗《せいばい》のみを観るべからず。

目的が善いものであるかどうか、動機が善いものであるかどうか、が問題であって、それが善いものであれば、結果がうまくいったかどうかは問題ではない、というのだ。

そして、古人のことばを引いて、

人は、成敗得失を使令し、己《おのれ》の意に従わしむるの権なし。しかれども、勉強して已《や》まざれば、天賞として、成就の賜《たまもの》を受くべし。

といっている。成功するかどうかは、天からの賜としてあたえられるもので、人事に属するものではない、というのだ。

この「原序」を訳していない竹内訳においても、トレメンヒールの『教育報告書』について書いた部分が訳されているが、そこでスマイルズは、教育の実情にもとづきながら、「自己修養をもっぱら立身出世と見なすのは、実に愚劣な考えだ」として、「自己修養が、ややもすれば人を追いぬくための手段や知的遊戯の道具として見られがち」だという風潮を批判し、「知識は、ものを売って金もうけをするための店舗ではない」とのべている。

●『自助論』の精神④――《自助とは人格をつくることである》

「自助論　原序」には、最後に「最要の教え」として、「人たるものは、その品行を高尚にすべし。しからざれば、才能ありといえども、観るに足らず、世間の利運を得るとも貴《たっと》ぶに足ることなし」ということばをあげて、これを「世の少年」に諭《さと》すためにこそ、この本を書いたのだといっている。

竹内訳のなかにも、原文の第13章「真のジェントルマン」という章に書かれている「人格の力は富よりも強い」「立派な人格は人間の最良の特性である」といった考え方がのべられている。だが、そのくだりには、原典にある決定的な一文が欠落しているのだ。それは『西国立志編』でも「[品行は]各人に具《そな》わる天命と一致するものなり」(念のためいっておくと、この場合の「天命」とは「宿命」のことではなくて、「天の命令」「天なる神が定めた秩序」という意味である)と訳されている文、現代日本語でいえば、「立派な人格は[神によってつくられた]道義の秩序を各人が体現したものである」という意味の一文である。訳者竹内均はなぜ、この一文をわざわざカットしたのだろうか。これは非常に重要な点なのである。

いっぽう、これは竹内訳にも出てくるが、スマイルズの少年時代に同じクラスにいた劣等生の話がある。教師がいろいろな手を使ったが、まったく効き目がなく、ちっとも勉強ができるようにならなかった。その子は「途方もない大バカ者」と呼ばれたが、彼は愚直さという資質をもっていた。この愚直さによって、ねばり強く努力しているうちに、やがてかつての級友のだれより優れた人物になった、という話である。

今日の『自助論』礼賛者の多くは、これを「努力」「勤勉」の問題としてとらえ、バカも努力すれば利口と同じところまで、あるいはその上まで行ける、という「同じ基準での達成」の問題にしてしまう。まさに「スキルアップ」の幻想といっしょである。

しかし、違うのだ。人ひとりひとりには、その人なりのかけがえのない資質があるのであって、そこに依拠して、その人なりの人格をつくっていくことこそが大事なのだ、ということを、この話を通じてスマイルズはいっているのである。

『自助論』の精神⑤——《自助とは個人の尊厳を打ち立てることである》

これこそまさしく「個人の尊厳」という考え方なのだ。東洋には「個人の尊厳」という考え方などないという人もいるが、私は「自己の本然《ほんねん》」という考え方に、これと共通するものがあると思う。自助とは、個人個人にそれぞれ違ったかたちであたえられ、定められている生き方を、みずから見つけて、それを果たすことなのだ、というのがスマイルズの考えなのであり、それはヨーロッパ近代の近代精神の核心にある「個人の尊厳」――そして東洋精神の核心にある「自己の本然」――という考え方にそのままつながっているのである。

スマイルズは、貧乏を憎み、カネの力を無視したり軽視したりしてはならないとも説いているが、それはなんのためかというと、人格をつくるためには物質的に自立していることが必要だからだ。

「常に困窮すれすれの生活にあえいでいるのは、奴隷の身の上とほとんど変わらない」

「貧乏は幸福を脅《おびや》かす大敵だ。それは自由を破壊し、時には美徳をも麻痺させる」とスマイルズはいっている。こうしたところから、「賃金奴隷」にされてしまっている労働者に同情を寄せていたのである。「貧乏だと人格がつくれない」といっても、けっして、「貧すれば鈍する」といった観点から見ていたわけではなく、奴隷同然になってしまったら人格を失うから絶対にいけない、という見方なのだ。

この点から見るならば、貧乏は人格をつくりにくくするが、反対に金儲けばっかり考えている人間も人格をつくることはできない。「個人の尊厳」をカネでつくることは、できはしないのである。

これが人格と尊厳とカネについてのスマイルズの考え方なのである。

この「個人の尊厳」ということが理解されず、受容されていないことが、『自助論』の理解にとどまらず、実は日本近代のありかたの本質的な問題にほかならないのだ。

●なぜ本来の自助精神はゆがめられたのか

なんだか柄にもなく道徳めいたこと、説教めいたことを長々と書いてしまったが、これは私が悪いのではない。今日の『自助論』礼賛者が悪いのだ。かれらが、スマイルズがいっている前提にある自助精神というものをすっ飛ばしているために、スマイルズの真意とは逆のことばかりいうことになっているから、それをまず糺《ただ》さなければならなかったのだ。

『自助論』礼賛者たちは、いずれも、スマイルズがのべていることばを、その精神から切り離して取り出して、一般的な命題として教訓化し、それをもってまわることによって、『自助論』を「成功の秘訣」「成功のヒント」を集めた金言集にしてしまっている。そして、自助精神というものをゆがめてしまった。

スマイルズが「自助は利己ではない」「自助は相互扶助と両立する」といっているのに、新自由主義の『自助論』礼賛者である竹中平蔵たちは、相互扶助を「もたれあいの構造」「競争を排除する関係」だから自助に反するとして否定し、それぞれが利己的に利益を追求するしくみこそが活力をもたらす自助であると主張したのだった。

また、スマイルズが「自助は成功のためではない」といっているのに、自己啓発教祖の勝間和代たちは、スマイルズがいっている「人に頼ってはいけない」「楽をする前に汗をかけ」「金は人格なり」などをそれだけ切り離して金言のように掲げ、「これを実行すれば成功しないほうがおかしい」などと、スマイルズが否定している成功競争をあおっているのだ。

どうしてこのようなすれちがいが生まれてしまうのか。

そこには、日本の近代化というものがいかなるものであったのか、という根本的な問題が介在しているのである。

その日本近代化のありかたが、『自助論』の受け容れ方・使い方にどう表われているのか。１８７１年の中村正直による『自助論』全訳＝『西国立志編』刊行以来、『自助論』が日本でどのように受けとめられ、使われてきたのかをふりかえりながら、その「根本的な問題」を考えてみることにしたい。

●『西国立志編』の訳者・中村正直

『自助論』を訳した中村正直とはどんな人物だったのか。

中村正直（号は敬宇《けいう》）は幕府御家人の息子で、幕末に、幕府の学問所・昌平黌《しょうへいこう》で佐藤一斎《さとういっさい》の弟子として儒学を学び、若くして教授となった秀才であった。１８６６年、幕府の留学生としてイギリスに渡り、68年に帰国、この留学中にジョン・スチュワート・ミルの著作などとともにサミュエル・スマイルズの著作を知り、帰国後に翻訳したわけである。ミルの『自由論』(*On Liberty*) も、『自由之理』という表題で翻訳している。

正直は、イギリス滞在中、大英帝国の隆盛の基盤は国民の間に浸透している篤《あつ》きキリスト教信仰にあると見て取り、みずからキリスト教に改宗した。先ほど、『西国立志編』の第一版序で正直が「西国の強さは、人民篤《あつ》く天道《てんどう》を信ずるによる」と書いたのを見たが、それはこうした実地体験による認識に根ざしていたのだ。

だから、正直は、まだ信教の自由が認められていない１８７２年（明治5年）に「擬《ぎ》泰西人上書《たいせいじんじょうしょ》」（「泰西の人に擬して書を上げる」つまり西洋人のふりをして意見書をさしあげるという意味）と題された論説を書き、キリスト教を日本に導入し、それによってほんとうの西洋思想を学ぶべきだ、と訴え、驚くべきことに、天皇自身にキリスト教への改宗を勧めたのであった（この論説も国会図書館近代デジタルライブラリーで読むことができる。ただし漢文で書かれている）。

また、１８７５年（明治8年）2月の講演で、正直は、こんなことを語っているという（久山康編『近代日本とキリスト教―明治篇―』基督教学徒兄弟団による）。

〈明治維新をやったけれど、政治は変わったが、人間そのものがちっとも変わっていない。いまだに奴隷根性で上におもねり下におごる人民ではしかたがない。こういった人間のありかたを変えるためには、宗教と倫理と芸術をもって内面的な変革をおこ

なっていかなくてはならない。……〉

●スマイルズと重なった明治知識人の精神

このような考え方が、正直のみならず、明治初期の知識人のなかにはあったのだ。そして、これはスマイルズの自助精神と重なるものであった。ここに、『自助論』を訳した『西国立志編』が出され、それが大きく受け容れられる素地があったのであろう。

その後、中村正直は、キリスト教の教義の導入を図りつつ、同時に儒教とキリスト教の融合に努めた。この「儒教とキリスト教の融合」というのが、明治初期における思想状況の一つの特徴で、中村正直だけでなく、小崎弘道《こざきひろみち》や松村介石《まつむらかいせき》など多くの儒者が、キリスト教のなかに儒学の完成を見るというかたちで、キリスト教に接近していったのである。それによって、彼らは、儒学を近代的なものに変えると同時に、キリスト教を日本化したのであった。

先ほど引いた中村正直のことばにある「天道《てんどう》」というのは、「天帝」すなわちキリスト教の神の「道」ということでキリスト教を表わしているが、同時に、それを「天」の「道」と表わすことで、そこに儒教の教えを重ねているのである。そして、当初、キリスト教優位の下で儒教をそれによって完成するというかたちで儒教を近代化する方向であったものが、その後だんだんと、儒教優位の下でキリスト教を日本化する方向に変わっていく。それが明治10年代から20年代の日本思想界の趨勢《すうせい》であった。

中村正直自身も、晩年の明治20年代半ばには、キリスト教から離れてユニテリアン（イエス・キリストは人間であったという立場から聖書を合理主義的・ヒューマニズム的に解釈しようとする思想）に移行していき、全体としては、むしろ儒教優位の下にキリスト教を融合する方向に還《かえ》っていったのである。

そして、その後、大日本帝国憲法・皇室典範の制定、教育勅語の発布を経て、日本近代国家のありかたは、ヨーロッパ近代国家に似せながら、それとは根本的に異なる特質をもつものとして確立されていった。それとともに、『西国立志編』の読まれ方も次第に変化していくのである。

●維新政府の人材登用と「勉強立身熱」

もうひとつ、『西国立志編』が受け容れられた理由には、明治初年代に湧《わ》き起こった「勉強立身熱」といわれる風潮があった。

維新政府は、四民平等を宣言し、藩を廃して県を置き、個人の社会的地位を身分的・地域的に固定化してきた身分制と分権制を原則として撤廃した。これによって、移動の自由、職業選択の自由が保障されて、社会的地位の流動性が一気に高まった。人は、能力の高さを示すことができれば、出世できるようになる、とされたのである。

実際、それまで暴力で幕府を倒すことに専念してきた「志士」たちによって構成された維新政府は、統治をなすための人材を欠いていた。たいていの革命政府がここで頓挫するか変質する。旧政権打倒はできても新政権による統治に失敗して瓦解するか、旧勢力に頼って統治をおこなうことによって革命原則を腐食させるか、どちらかになりがちなのだ。

ところが、明治維新政権は、倒すだけでなく創ることができた稀《まれ》に見る革命政権だった。それは、政権担当者が、みずからが充分な能力を欠いていた統治の業において、一方で政治的指導性を堅持しつつ、他方で有能な人材の登用を大胆におこない、みずからの政治指導の下で統治を担当する優秀な実務官僚を確保したことによって可能になったのである。

明治政府は、一般に「藩閥政府」といわれている。確かに、政治権力・行政権力のトップは、維新の主体となった薩長土肥《さつちようとひ》の出身者によって占められていたが、実権をふるう側近には、内務の井上毅《いのうえこわし》、外務の小村寿太郎《こむらじゆたろう》をはじめとして、藩閥以外の人材を抜擢し、実務に当たる中堅・下級官僚層は、むしろ旧幕臣層を中心に構成されていた。

このような維新政府のスタンスは、明治初年代において、激しい職階移動を現出させ、日本社会を能力主義、業績主義が席巻することになる。忘れてはならないのは、その職階移動は旧四民全体を貫いたものではなく、基本的に旧武士階級内部に限られたものだったこと、また、その能力主義、業績主義は、ヨーロッパの近代合理主義にもとづく近代官僚制のそれではなく、藩閥政府という非能力主義的・非業績主義的枠組みの内部におけるそれだったということである。だが、そういう限定の下ではあっても、激しい社会的流動性がもたらされたことは確かであった。

こうした状況がもたらしたものが、「勉強立身熱」の風潮だった。

教育社会学者の竹内洋《たけうちよう》は、明治10年代初めまでの「勉強によって身を立てる」ことに人々が熱中した時代を「勉強立身熱」の時代として、20年代から30年代の「順路」の時代、明治30年代以降の「受験」の時代と区別している。

この「勉強立身熱」の時代の特徴は、「順路」の時代以降、特に「受験」の時代から、確立された「秩序」にもとづいて、定められた「経路」を通って立身出世していく時代になっていったのに対し、この「勉強立身熱」の時代には、たまたま実力を認められ、業績を上げれば、秩序だったシステムや定まった経路に関係なく、さまざまなかたちで登用されていくことが可能だった――これを竹内は「僥倖《ぎようこう》型業績主義」と呼んでいる――ところにあった（以上、竹内洋『立志・苦学・出世』講談社による）。

●そこには「相互扶助と一体の自助」があった

そして、この「勉強立身熱」の時代にマッチしていたのが『西国立志編』だったと竹内はいう。もちろん、『西国立志編』は、「順路」の時代以後も、大正時代までよく読まれている。しかし、どうも読まれ方が違っていったのではないかと思われるのである。

「僥倖型業績主義」と「勉強立身熱」の時代に、地方に散在した優秀な人材が明治国家のテクノクラートとして取り立てられていくについては、徳川時代以来の家と郷党《きょうとう》の力があずかって大きかった。

「僥倖型業績主義」に乗って「勉強立身」を果たそうとしていたのは、ほとんどが旧士族出身者であったが、なかでも旧幕臣あるいは佐幕藩家臣の子弟が非常に多かった。彼らの家は賊軍に属していたわけだから、維新後、没落を余儀なくされた。その境遇から脱するには、能力が認められて登用されるしかない。

そこで、幕臣および佐幕藩では、一族郎党を挙げて、場合によっては旧家臣団全体を挙げて、優秀な子弟を援助・支援し、世に出そうとしたのである。松山《まつやま》藩のように、旧佐幕藩主自身が郷党育英会をつくった場合もあるし、学生が東京に出てからも、同郷グループごとに郷党に助けられながら、おたがいに切磋琢磨して、郷党の支援に応《こた》えようとした。

明治初期の勉強青年たちは、国家建設のためにというよりは、帰属共同体である家と郷党に報いるために刻苦勉励《こっくべんれい》したのだったといっていい。その意味では、その刻苦勉励は、スマイルズがいっているような近代的な精神に立脚したものではなく、むしろ前近代的な家の社会原理に立脚したものだったが、利己的な自助ではなくて、共同体の相互扶助と一体になった自助だったのである。

明治初期の少年時代にどんなことを考えて勉強に励んだかを、のちに名士になった人たちに訊いた『名士の少年時代』（報知新聞社報道部、１９３０年刊）には、次のような回想が散見され、このことを裏づけている。

「おれは東京へ行って偉い学者になろう。田舎にすっ込んで役人や教師で一生満足すべきではない。横田の家名をあげるのは俺の使命だ」（明治12年、横田秀雄）

「お前は菅原家再興の唯一人だ。おれの月給も全部お前の学資にしてやる。家の方は

心配することなく存分勉強して名をあげてくれ［と父に訓《さと》された］」（明治17年、菅原通敬）

その後、帝国大学制度、高等文官試験制度などが制定されて、いわゆる「立身の官僚制化」が進み、下からの多元的イニシアティブにうながされながら多様でありえた立身出世の道が、上から公認されたコースに一本化され、「受験」の時代に移行する。それにつれて、こうした非近代的な相互扶助と一体になった自助の精神も次第に失われ、利己的自助の色彩が強くなっていくのであった。

しかし、このように、いずれも「佐幕」勢力に支えられていた近代的自助精神も非近代的自助精神も失われていくことによって、スマイルズ『自助論』は、その精神を形骸化され、単なる通俗的成功秘訣書、今日の自己啓発本と同じものとして読まれるようになっていってしまったのである。

●漱石が喝破していた「成功」と「独立」

そうなる前、明治20年ころまでは、プロテスタンティズムの受容によるヨーロッパ近代精神に即した自助精神と、家と郷党に根ざした非近代的ではあるが相互扶助的な自助精神が、それぞれに生きていて、そこからスマイルズのいう自助精神をとらえることができていたのだ。

ただ、そこには、その後の近代化において一貫している大きな問題点が伏在していた。それは、法政や制度の上ではヨーロッパ近代の思想を受容したかのようなかたちをとりながら、社会の実体の上では、いま見た家と郷党のように非近代的な社会原理にもとづき、それを近代的制度に適応できるように編成しなおしながら、近代化を進めていった、というところから出てくる問題点であった。

「勉強立身熱」についていまのべてきたことは、実は、『坂の上の雲』の明治国家像に関する大窪一志《おおくぼかずし》の論文「日本型国民国家の相貌」（『情況』２０１０年10月号）の受け売りである。その論文のなかで、大窪は、いままでここでのべてきたことを総括するようなかたちで、次のようにのべている。

「明治期において」つくられていった社会は、その全体社会においては国民国家に即応する国民社会ではあったが、けっして自由な個人が契約によって結びつく近代市民社会ではなかった。そこにおいて支配している原理は、西洋近代におけるような自立した個人の自由競争ではなかった。イエ・ムラの社会原理に立った部分社会に埋め込まれた個人の仕切られた競争だったのだ。……そこに成立したのが「勉強立身」のエートスと「僥倖型業績主義」のシステムだったわけだが、それを下からうながしたのは、近代精神にもとづく個人原理ではなくて、イエ・ムラの社会原理にもとづく非近代的な基礎社会の自己主張だったのである。

このような構造は、さまざまにかたちを変えながらも、基本構造としてはずっと続いてきたのである。そのような構造のままの「非近代的な原理を底にもった近代化」は、近代的な原理としての自助精神を、表面的には受け容れるようなかたちをとりながら、内実においては異質なものに変換してしまい、それによって本来の自助精神の腐食を進めていったのである。

夏目漱石《なつめそうせき》は、1913年（大正2年）に母校・第一高等学校で「模倣と独立」と題しておこなった講演で、当時一般にいわれていた「成功」のとらえかたについて、こうのべている（『漱石文明論集』岩波文庫）。

旨《うま》く往《い》けばあの人は成功したといわれる。成功したというと、その人の遣口《やりくち》が刷新でもなく、改革でもなく、整理でもなくても、その結果が宜《よ》いと、唯《ただ》その結果だけを見て、あの人は成功した、なるほどあの人は偉いということになる。……同じ事を同じように遣っても、結果に行って好ければ成功だというが、同じ事をしても結果に行って悪いと、直ぐにあの人の遣口は悪いという。その遣方《やりかた》の実際《じっさい》を見ないで、結果《けっか》ばかりを見ていうのである。その遣方の善《よ》し悪《あ》しなどは見ないで、唯《ただ》結果ばかり見て批評をする。それであの人は成功したとか失敗したとかいうけれども、私の成功というのはそういう単純な意味ではない。仮令《たとい》その結果は失敗に終っても、その遣ることが善いことを行い、それが同情に値いし、敬服に値いする観念を起させれば、それは成功である。

ここで漱石がいっているのは、先ほど引用したスマイルズ「自助論　原序」でいわれていた成功のとらえかたとまったく同じである。漱石は、この講演のなかで「インデペンデント」（独立・自立した）ということばについても同様のことをのべている。聴衆の一高生を前に、自分が同じ年齢のころ愛読していた『自助論』を思い出していたにちがいない。

このころには、一高生というエリートを含めて世の中一般に、もはや「成功」といえば結果的に富と栄誉を手にすること、「自立」といえば他人の世話にならないこととしかとらえられなくなっていることがわかる。それに対して、漱石は、もともとはそういうものじゃないよ、と諭しているのだが、おそらくもうすでにその真意は伝わりがたくなっていたにちがいない。

本来の自助精神は腐食してしまっていたのだ。そして、それにともなって、スマイルズ『自助論』は、通俗的人生指南の書、成功法案内の書として読まれるようになってしまっていたのである。

●「腐食した自助精神」を受け継いだ者

ところが、その一方で、このように、明治30年代以降変質し、大正期に入るとすっかり腐食してしまった自助精神を受け継ぎ、みずからのものにしていく階級が、日本にも出現し、成長していた。それは近代的工場労働者たちであった。彼ら工場労働者は、当時「職工《しょっこう》」と呼ばれていた。

　自助の精神、自信の意気大《おおい》に昂《たかま》り為《ため》に職工の品位を高むること尠《すく》なからざるべし。

　立て職工諸君　立って組合を組織し、以て其《その》重大なる責務と其《その》男子たる面目を保つを務めよ。諸君の前途は多望なり。要する所は不抜の精神と不屈の意志のみ。天は自《みずか》ら助くるものを助くと云《い》はずや。奮《ふる》えよや諸君、其《その》自助心を発揮せよ。

これは、1897年（明治30年）、高野房太郎《たかのふさたろう》、城常太郎《じょうつねたろう》、沢田半之助《さわだはんのすけ》らが組織した「職工義友会」が発した「職工諸君に寄す」という呼びかけの一部である（片山潜《かたやません》

『日本の労働運動』岩波文庫に全文収録）。この職工義友会が、日本にも労働組合をつくっていこうという労働組合期生会のもとになった。

ここには、スマイルズ『自助論』の冒頭の有名な一節「天は自ら助くるものを助く」が引かれ、「自助の精神を高めよ」「自助心を発揮せよ」と呼びかけられている。

この職工義友会の中心になった三人は、いずれもアメリカ合衆国で軍艦の食堂給仕（高野）、靴工（城）、洋服職人（沢田）として働いた後帰国した労働者で、この「職工諸君に寄す」は、労働組合をつくろうという呼びかけであるとともに、職工すなわち工場労働者とはいかなる存在であるか、そしてどのように生きていくべきなのか、を説くものであった。それは「諸君は其《その》労力を売りて生活を立つる一個の正路者なれば、……白日の下天下に恐るべき者なきなり」「労働は神聖にして結合は勢力なり」といったぐあいに、労働者が個人として自立して自助によってみずからの人生を切り開いていくことを訴えたものだったのである。

同じ年には、やはりアメリカで苦学してクリスチャンになって帰国した片山潜が、神田三崎町《かんだみさき》で「キリスト教社会事業の本営」となるキングスレー館を運営しはじめた。この会館では、市民夜学会、青年倶楽部、日曜講談などのほかに職工教育会、徒弟夜学会、青年独立会といった労働者自助の会が組織され、リーズの青年相互改良会の日本版ともいうべき活動が展開されたのであった。

このような労働者の自助運動は、日本社会における自助の新しい可能性を開くものだったが、その後、労働運動における労使協調主義と階級闘争主義との対立のなかで、発展の道を閉ざされていってしまったのだった。

もともと「職工諸君に寄す」は、革命至上主義に反対し、「断乎として革命の意志を拒めよ、厳然として急進の行いを斥けよ、尺を得ずして尋を求むるの愚は、是を貧富平均党に譲れよ」と訴えていた。こうしたこともあって、革命派は自助の精神そのものを「改良主義」として斥けたのである。サンディカリストやアナキストのなかには、自助と相互扶助を一体として、労働者の人生問題として労働運動をとらえようとする人たちもいたのだが、革命主義と改良主義の対立のはざまに没しがちであった。こうして、労働者の自助運動は日本では定着しなかったのである。

ただ忘れてはならないのは、スマイルズの『自助論』が、すでに見たように、何よりも若い労働者の自立、自助を励ますために書かれたものであったことを考えるなら、日本の明治時代の青年労働者は、それにちゃんと応えていたということである。

先ほどいくつか引用したアマゾンの「カスタマーレビュー」で、「自助論　第一版序」が訳されていない竹内均訳『自助論』なのに、ただ一人だけだったが、「特に労働者へエールを贈る一冊となっている」という感想を書いているものがいて、まだそうした考え方が完全に消えてしまったわけではないことを知った。だが、それは例外中の例外で、いまや労働者自助精神は忘れられてしまって久しい。

●なぜ『自助論』は1980年代に突然よみがえったのか

こうして、スマイルズ『自助論』は、大正から昭和にかけての時期に次第に忘れられていった。『自助論』はいつの時代にも青年に読まれる本であったが、ヒューマニズムの時代であった大正の「教養青年」たちも、コミュニズムとナショナリズムの時代であった昭和の「思想青年」たちも、もはや『自助論』の精神に目を向ける契機をもたなかったのである。

そんな『自助論』が日本に突然よみがえったのは、高度成長も終わり、近代化も達成されたあと、１９８０年代のことであった。

１９８１年（昭和56年）、中村正直訳の『西国立志編』が久方ぶりに講談社から復刊され、講談社学術文庫に収められた。そして、１９８５年には、竹内均訳の抄訳『自助論』が三笠書房から刊行され、88年には文庫版になって知的生き方文庫に収められている。

いったい、なぜ、この時期に『自助論』は復活したのだろうか。

講談社学術文庫版『西国立志編』の序文「自助の精神」で、渡部昇一《わたなべしょういち》は、次のように書いている。

最近は、方々で『自助論』の見直しの声が日本では起こっている。いわゆる先進国病に対応するヒントが、そこにあると感ずる人たちが急増したからである。

確かに、そこに『自助論』復活の背景を見ることができるだろう。

ここでいわれている「先進国病」とは何か。渡部昇一の主張などに沿いながらまとめると、ざっとこのようなことになる。

〈経済が発展してくると、国民は生活の向上と安定を求めるようになる。政府は、国家財政が豊かなうちは自然に、この要求に応え、手厚い社会保障を実現していく。やがて、経済成長が鈍っても、政府による保障に慣れた国民は、自分の生活が低下や不安定にさらされても、それを自助によってではなく、国家に依存することによって解決しようとする。政府も政権維持のためにこうした国民の要求に従ってしまうと、一方で国家財政は悪化していき、他方では生産性が上がらず、社会は活力を失って停滞していく。こうした現象が先進国に共通してみられるので、これを「先進国病」と呼ぶ。〉

渡部たちは、この病気がイギリスをはじめヨーロッパ先進国を襲っているが、日本はまだ大丈夫だ、まだ大丈夫なうちに、この病気に罹らないようにするために、予防策として自助を広めなくてはならない、というのである。これが日本における『自助論』復活の背景であった。

●「英国病」を克服する〝特効薬〟

渡部たちのいう「先進国病」の典型は「英国病」(British disease) である。そして、「英国病」を克服するためにスマイルズ『自助論』をもちだしたのは、1979年にイギリス首相に就任した保守党党首マーガレット・サッチャーであった。渡部自身も「イギリスは20世紀のはじめから社会主義(勢力)が強くなり、どんどん(国力が)落ちてきた。どこまで落ちるかわからないときに、ようやく止めたのがサッチャーである。そのサッチャーが振りかざしたのが『自助論』だった」といっている(BS11『未来ビジョン』2010年6月26日)。

第二次世界大戦後、イギリスでは労働党政権が重要産業の国有化政策を進めた。石炭、ガス、鉄鋼、鉄道などの企業が国有化され、1970年代に入ってからは自動車産業や航空宇宙産業まで国有化が拡大された。しかし、こうした大幅な国有化が、国内製造業への投資減退による資本流出、技術革新の停滞を招き、イギリスの産業は国際競争力を失っていった、とされる。

また、戦後労働党政権の政策のもう一つの柱は、社会保障の充実におかれていた。

この政策によって、無料の国民保険制度、老齢年金や失業保険などの国民保険制度が整備され、「ゆりかごから墓場まで」といわれる完備された社会保障が実現された。ところが、経済成長が鈍化し歳入が減るとともに、この社会保障費が国家財政の重荷となっていき、やがて財政破綻を招くことになっていく。

こうした症状は、一連の悪循環をなして、社会の活力を奪い、生活意欲を鈍らせていき、それにともなって社会的な対立も激しくなっていった。これが「英国病」(British disease) と呼ばれたものである。

こうした状況のなかで、1975年に保守党党首となり、4年後にはイギリス史上最初の女性首相に就任したサッチャーは、サッチャリズムと呼ばれた一連の政策をおこなって、この英国病に立ち向かった。

貨幣供給量が経済を決めるとするマネタリズムの立場から財政出動で有効需要をつくりだすケインズ主義を批判し、サプライサイド重視の立場から所得・資産課税の大幅減税　付加価値税（消費税）の増税をおこない、「小さな政府」を実現する立場から国営企業の民営化を強行するなど、サッチャーの果敢な政策展開は、一時的にせよ、イギリス経済を好転させた。そして、その政策体系は、サッチャリズムと呼ばれて、同様な問題に悩む先進国の手本とされるようになった。

そのサッチャーがスマイルズの『自助論』を賞讃したというので、日本では渡部昇一たちが「先進国病に対処するには『自助論』だ」と言い出したのである。

●マーガレット・サッチャーにとっての『自助論』

だが、サッチャーは、どういう点で『自助論』を再評価したのだろうか。その再評価は、サッチャリズムによる改革の中身とどう結びついていたのだろうか。

サッチャーの自伝『サッチャー　私の半生』（日本経済新聞社）によると、彼女の価値観は、いくつかの点でスマイルズと結びつく。サッチャーは、敬虔《けいけん》主義的なプロテスタント宗派であるメソジストの家庭で育ち、幼いころからその影響を深く受けて育ってきた。父親は裕福とはとてもいえない食料品・雑貨を商う商店主だったが、その質素で勤勉な生活スタイルを見て育ったマーガレットは、質素と勤勉がもっとも大事な徳であると考えるようになった。また、父親は「古いタイプのリベラル」であり、信条は「個人の責任」で、ジョン・スチュワート・ミルの『自由論』の信奉者だった。この点も、マーガレットは受け継いだ。

これらの価値観は、ヴィクトリア時代を理想化することに結びついていった。ヴィクトリア時代とは、1837年から1901年まで、大英帝国をヴィクトリア女王が統治した時代で、成熟した市民社会と安定した国家統治によって大英帝国の絶頂期とされている。それはスマイルズが生きた時代でもあった。そして、そのヴィクトリア期の市民精神の理想は、少なくとも信仰、自立、勤勉、倹約、質素、高潔な人格といった徳目においては、スマイルズのいうことと重なっていたのである。

1979年、サッチャーが保守党党首として労働党を破って政権に就いた総選挙のとき、保守党選挙綱領は、「われわれは、人々がみずからを支え、また他人を支えるのを援助し、またそれを通じて人間の本性をもって働くことを援助する。これらこそ個々人の自己責任の基礎である自助と自己信頼を回復する方法である」とのべていた。これは、このかぎりでは、サッチャーの個人的価値観に合致し、またスマイルズの価値観にも合致していたといえる。

しかし、そうして政権の座に就いたサッチャーが採《と》った政策は、こうした価値観とストレートに結びつくものではなかった。経済学者たちがいっているように、マネタリズムも、サプライサイダー・エコノミクスも、ヴィクトリア時代のレッセフェール（自由放任主義）を復活したものではなく、それまでの自由主義経済を革命的に転換する保守革命ともいうべきものだったのである。

だから、サッチャーが個人として信じていた価値観と、彼女が首相としておこなった政策の理念との間には落差があった。どちらも彼女にとっては真実だと思われていたのだが、その両者がかならずしも一致するものではないことは彼女自身承知していたにちがいない。承知の上で、政策を国民に受け容れやすくするために、あえてレトリックとして、あるいはイデオロギーとして、ヴィクトリア時代の市民精神とスマイルズ『自助論』の倫理をもちだし、使ったのである。

サッチャーが採った政策は、経済成長を実現するための政策だったから、もちろん（スマイルズがいうような）倹約、質素よりもむしろ（それに反する）消費拡大、生活水準向上を促進するものだった。マネー重視、サプライ重視も、スマイルズ的な価値観と合致しない。

　サッチャリズムは、アメリカの大統領ロナルド・レーガンに受け容れられ、レーガノミクスとして仕立て直される。そして、グローバリズムの波に乗って、新自由主義《ネオリベラリズム》の価値観となって世界を席巻した。そこに現出したのは、果てしないマネーゲーム、資本移動の末、アメリカのように国の人口の1パーセントが国の富の20パーセントを独占するに至る社会なのだ。それは、スマイルズの自助精神を嘲笑うような社会であり、ヴィクトリア時代の市民社会とは似ても似つかない社会なのである。

　そうした社会が生まれ出た最初のきっかけはサッチャリズムにあったといえる。とするなら、サッチャリズムと『自助論』の関係、新自由主義とスマイルズの古典的自由主義との関係がいかなるものであるかは、いまさらいうまでもなかろう。

●「ジャパン・アズ・ナンバーワン」と「失われた10年」との間に

　日本でも1982年に政権に就いた中曽根康弘《なかそねやすひろ》がレーガンに接近し、行財政改革の名の下に新自由主義的政策を展開しようとした。特に土光敏夫《どこうとしお》を会長とする臨時行政調査会（略称・臨調）の答申を足がかりに、国鉄・日本電信電話公社・専売公社の民営化が進められた。竹内均訳『自助論』の出版は、こうした動きとリンクしたものだった。

だが、前章で1980年代の「自己開発」ブームと2001年以後の「自己啓発」ブームとの違いをめぐってのべたように、当時の日本社会は、「ジャパン・アズ・ナンバーワン」というおだてにのって、イケイケの空気にふくれあがっていたときで、サッチャーのイギリスのような危機感はまるでなかった。

また、1979年の第二次オイル・ショック後、質的な変化が現われつつはあったのだが、全体としては依然として、日本人の9割が「中流」意識をもち、「人並み」志向と「生活向上」への期待と欲望をいだいていた。当時のイギリスのような社会意識の分裂、社会の停滞感は現われていない。

だから、新自由主義といっても余所事《よそごと》のようなもので、『自助論』なども、日本人がずっとやってきた勤勉の大事さに欧米のやつらもやっと気がつきはじめたか、という程度のとらえかただった。

ただ、そのころとりたてて強調されたのが、日本には「親方日の丸」意識をはじめ、官による「まるがかえ」「ぶらさがり」の体質があり、競争が阻害されている、これを変えるために能力主義・業績主義を導入しなければならない、ということであった。そして、この能力主義・業績主義がおおむね「自助」というものの中身として考えられていたのだ。それは、当時まだあらゆる階層をとらえていた学歴による社会的上昇という志向、受験戦争を勝ち抜いて成功を手にしようという志向とマッチするものでもあった。

これに対して、1990年代の「失われた10年」を経た2001年以後においては、「ジャパン・アズ・ナンバーワン」どころか日本経済は二流に滑り落ちようとしているなかで、社会の停滞・閉塞《へいそく》感が広まり、80年代のような向上意欲や欲望はすっかり影を潜めていた。だから、1980年代の「自己開発」ブームが社会の自信にあふれた全能感にあおられたものだったのに対し、2000年代の「自己啓発」ブームが社会の不安な無力感から逃れるためにすがったものだったのと同じように、2001年以後の新自由主義改革は、停滞と閉塞から逃れて向上心と意欲を取りもどしたいという思いを基盤にするものだったのである。

●新自由主義という異質な原理

こうして、80年代臨調行革とは大きく異なった環境の下で、危機感と現状打破のパトスをともなった新自由主義改革として小泉構造改革が始まったのである。

そこには、停滞し閉塞した現状を打破するために、思い切って、これまで日本を支配していたのとは異質な原理を入れてみようという思いが託されたのだ。それは不安に満ちた期待であった。また、そこには、その異質な原理に身をまかせてみることで、「失われた10年」に失われた希望とアイデンティティを取りもどせるのではないか、という恐れの混じった思いがあったのである。

だが、その新自由主義というものが、日本の伝統的文化のみならず日本型近代化の原理とも非常に異質なものだったことも確かなのである。何しろ、日本の近代化は、ほんとうの意味での個人主義と自由主義を基盤にせずに推進され、達成されたものだったのだ。だから、一応形式の上では近代国家と近代社会ができあがったものの、その内実は、手本にしたヨーロッパ近代国家・近代社会とはずいぶん異なったものになっていたのである。

西洋近代社会は、個人主義と自由主義を基盤にできあがっている。だから、そこでは、法や制度よりも個人の自由の方が優先するというのが原則だ。「契約自由の原則」「私的自治の原則」が法・制度の大前提になっているのはそのためである。私人同士で合意するなら、どんな契約でもやっていいし、法律関係をつくりあげるのはあくまで個々人の意志によるということが原則になっているのだ。それが他人の権利侵害になる場合はやめなければならないし、そうならないように法律が定められ、適用される。

西洋近代社会は、旧社会のなかから興ってきた、そうした個人主義と自由主義にもとづく運動が、旧社会の権力を倒して、新しい社会をつくるというかたちで生まれたものだ。そして、新自由主義というのは、こうした個人主義と自由主義を基盤にした社会を前提にして、その個人主義と自由主義を、いまよりももっと徹底しようというところから生み出されたものなのだ。

ところが、日本では、そういうかたちで近代社会ができたのではなく、すでに西洋で確立されていた社会原理を導入することによってできていったのである。しかも、西洋の諸国がアジアに進出し、日本をも植民地化しかねない状況の下で、近代的な国家と社会を早急につくらなければならなかったから、個人主義と自由主義が社会の内部から成長してきて、契約にもとづく自由社会が自然に成立していくのを待つことができなかった。だから、政治権力が上から国家と社会をつくっていかざるをえなかったのである。

そうやってつくられていった社会は、むしろ法や制度が個人の自由より先行し優先される社会だったのである。

戦後のアメリカニズムによって個人主義が生まれ、自由主義ができてきたようにいわれているが、それは、日本型につくりかえられた個人主義・自由主義であって、西洋近代社会と同じ社会原理にもとづく社会ができたわけではなかった。そして、２００１年以後の新自由主義改革も、それをそのままにして、非個人主義的・非自由主義的基盤の上に新自由主義を展開しようとした。だから、そこで鼓吹されたのは、自由主義なき新自由主義であり、個人主義なき自助精神だったのである。

自由社会が基盤にないところで新自由主義を実行しようとしても、似て非なるものになっていくだけだ。だから、日本の新自由主義改革は、もともと失敗を運命づけられていたのである。

そこに、サッチャリズムが古典的自由主義とは反する結果を生み出したのとは違った理由で、小泉構造改革が失敗せざるをえなかった根拠があったのだ。


明治以降の日本の近代化においては、社会が下から近代化していないのに、法・制度だけを近代化して上から社会にかぶせていくやりかたを採ってきた結果、「個人」とか「自由」とか西洋と同じことばを使っていても、その意味がずれており、場合によっては大きく違っているということになってしまったのである。

そういう状況のなかで、小泉構造改革は、好意的に見れば、その法・制度の構造を改革して「自由」化し、それを通じて日本社会を「自由」化しようとしたともいえる。そう考えて構造改革を推進した人たちもいたことだろう。

しかし、そういう方法は、せいぜいのところ、明治政権の「上からの近代化」と同じ「上からの自由化」になるしかなく、同じ轍《てつ》をふむことにしかならない。そもそも、そういう方法では社会というものは変わらないのだ。

それでは、どうしたらいいのか。

西洋の個人主義、自由主義をあらためて日本社会に根づかせようというのではない。そんなことは、いまさらできない。しかも、西洋の個人主義、自由主義自体が、限界を露呈し、もはや機能しなくなりつつあるのだ。それは、さっき見たように、古典的自由主義の徹底をめざしたサッチャリズムが、結局金融のグローバリズムにつながり、反対物に転化していったことが示しているとおりだ。

そうではなくて、日本社会の特質をふまえながら、西洋近代社会とは違う「自由な個」と、それにもとづいた社会をつくりだすことを追求していこうと思っているのだ。法・制度を変えることから始めるのではなく、社会そのもののなかから、民《たみ》の生活の結びつきそのもののなかから、自助の精神と自助と自助との結びあいとしての相互扶助の関係をつくりだしていくことをめざそうと思うのだ。

章を改めて、「自由な個」にもとづいた日本らしい自助社会をつくりだすにはどうしたらいいか、考えてみたい。

3

自助と互助と共助

●幕末日本にあった「自助」と「互助」と「共助」

明治以前の日本においては、個人主義も自由主義もまったく根付いてはいなかった。幕藩体制の下、人々は生まれながらの身分に相応した生き方しかできなかった。当然こういう政治は「悪」であって、アンシャン・レジームを打ち倒した維新の志士たちは英雄とされており、小説やドラマでも正義のヒーローとして描かれることが多い。彼らは徳川の圧政下、虐《しいた》げられていた民衆を解放し、わが国に自由と平等をもたらしたことに、一応なっている。

しかし明治以前、本当に民衆は徳川幕府の圧政下、搾取され、苦しめられ、自由を奪われた惨《みじ》めな暮らしを余儀なくされていたのだろうか。私を含め、誰もが漠然とそういった印象を持っているのではないかと思われるが、実際はそうでもなさそうなのだ。渡辺京二《わたなべきょうじ》の名著『逝きし世の面影』（平凡社）を読むと、それがまったくの思い込みにすぎないことがわかる。幕末当時、来日した西洋人たちの目に映った日本ということで、やや過剰な東洋賛美もあったかもしれないが、そこに描かれている日本人の姿は、われわれが思い描く「圧政に苦しめられる民《たみ》」というイメージからはほど遠いのだ。

彼らはきわめて自由で陽気で、そして豊かなのだ。もちろん物質的にではなく精神的に、である。そこには格差も競争もなく、人々はきわめて寛容なコミュニティのなかで、実にのびのびと暮らしているのである。女たちは平気で裸体を晒《さら》し、精神病者もコミュニティから排除しようとしなかった。金には頓着せず、ちょっとした雑用を頼んだ際に男たちは、西洋人が彼らに支払おうとする駄賃の受け取りを固辞したという。おそらく彼らには「個人」「自由」といった概念はなかったであろう。

彼らがおこなっていたことは、最低限の生活を維持するための「自助努力」と、あとは「互助」と「共助」の生活であったろう。彼らが所属するコミュニティのなかでは、自・他という分け方はなく、おたがいが持ちつ持たれつの中で生活していたものと思われる。今になって急に叫ばれる「互助」や「共助」といった精神が、彼らのなかではごく当たり前に宿り、たがいに尊重し合い助け合うという生き方が、声高にスローガンを掲げることもなく自然におこなわれていたのである。いわば、これが日本人本来の「互助」、「共助」であった。お上《かみ》お仕着せの「公助」というものは当時ほとんどなく、また民衆もそれを当てにはしていなかった。

ところがそこへ近代化の名の下、欧米型の法・制度が無理やり持ち込まれたのである。同時に「所有」と「富裕」という概念も植え付けられる結果となったであろう。いやむしろこちらの方がより深く、そして遍《あまね》く浸透することになってしまったのではないか。法や制度を弄繰《いじく》り回したところで、人心はそう急に変わるものではない。ところが「欲」は人を急激に変化させてしまう。

●志士たちの魂を揺さぶったもの

幕末の留学生たちが西洋で学んできたものは、資本主義経済と「自由」、「平等」、「博愛」の精神だった。これらを日本にももたらすべく奮闘するわけであるが、皮肉にもその副産物である「競争」「格差」「個人主義」をも持ち込んでしまった。いや、欧米の法・制度とともに「所有」「富」の概念が持ち込まれて深く浸透したのと同じく、むしろ「自由」「平等」「博愛」よりも、「格差」「競争」の方が大きな影響をもたらしたのではなかろうか。

当時の有為《ゆうい》な青年志士たちは、単純に立身出世と金儲けだけを考え、欧米の法・制度を取り入れようとしたのではあるまい。そうではなく、誰もが自由に才能を発揮することができ、その結果国民が富み、ひいては国家が富み、日本が欧米に引けを取らない強国になることを彼らは目指したはずである。

この時期に彼らを特に奮い立たせた本が、前章まで見てきたサミュエル・スマイルズの『自助論』であった。これを『西国立志編』と全訳した中村正直も、やはり留学生としてイギリスに渡っている。

すでに指摘したように、『自助論』は近年、曲解が甚《はなは》だしく、一部の新自由主義的立身出世主義者たちのバイブルとなってしまった残念な本である。現在、広く出回っているのは抄訳であって、中村正直による全訳ではない。そのためスマイルズが本当に伝えようとしたことは、所々で割愛されており、単に「努力」を礼賛・奨励するだけの嫌味な本になっている。これを読むと、

「人は努力した分だけ報《むく》われる。だから努力しない人は報われない。いま不遇をかこっている人は、ひとえに努力が足りなかったからであり、すべては自己責任である。

だから成功したければ粉骨砕身努力しなさい。努力すれば出世もできるし、お金持ちにもなれますよ」

というふうにしか読めない。そのためこの本を推薦する政治家や文化人も、軽薄で嫌味な人たちばかりである。

私も全訳を読むまでは、『自助論』を「新自由主義礼賛の嫌味な本」としか思っていなかったのだが、抄訳と全訳を読みくらべてみて、スマイルズの最終目的は自助によってもたらされる「利他」であり「共助」であることがわかった。自助によってもたらされる成功が、いかにして「利他」に結びつくか、連帯と共助をもたらすかを説いた本だったのである。

なるほど、そうでなければ今日まで読み継がれることはなかっただろうし、おそらく幕末の志士たちの魂を大きく揺さぶることもなかったであろう。彼らは広く天下国家を考えていた。自分たちが国の先頭に立ち、いかに国家と国民を豊かにするかを考えていたはずである。自分の立身出世のハウツー本として『西国立志編』を読んだわけではあるまい。

ただこの時、近代化のためにはコミュニティによる互助、共助ではなく、欧米に倣《なら》って国家主導による「公助」のシステムを導入することが不可欠だと志士たちは考えたはずである。それが社会保障というシステムになっていくのであるが、結果としてこれが互助、共助を解体していくことにつながっていってしまったのではないか。

明治以降、国民はコミュニティの一員ではなく、国家との契約者となった。国家と契約を交わした以上、国民は国家のために働くことを義務付けられる。そして国家のために働いた結果として国家からの保障を享受できる、というシステムができあがったわけである。こうして「逝きし世」の古き良きコミュニティは解体され、また人々は国家主導の下、「利己と利国」を目指してまっしぐらに突き進むようになってしまったのである。

当時の日本は列強国のシステムを模倣し、それを無批判に取り入れた。しかし列強国も永遠に強国ではない。いつかは衰える。栄枯盛衰、盛者必衰の伝統的な発想法である。日本は「無常観」を忘れ去り、強いものは永遠に強いままだと思ってしまったのだろうか。しかし歴史は皮肉にして冷静なもので、現代の世界の列強国アメリカは瀕死の状態であり、日本も完全にその煽《あお》りを食っている。かつては存在した強い「公助」は機能しなくなり、数多《あまた》の社会保障が「改革」の名の下に削られた。この、いわゆる構造改革を強引に推し進めたのが、〝誤訳〟『自助論』にすっかり洗脳された小泉純一郎と竹中平蔵であったことは先にのべたとおりだ。

●自助努力が成功をもたらす？

自助、互助、共助、そして公助ということを考えるために、いま一度、小泉構造改革の罪を検証しておく。

小泉と竹中、この男たちの登場によって、この国の共同体は完膚《かんぷ》なきまでに壊され、日本人が世界に誇った美徳である「和」をも破壊されてしまった。小泉は「自民党をぶっ壊す！」と叫んだが、この男は日本をぶっ壊してしまった。曲解した『自助論』をもって「努力した人が報われる社会」を目指した、というけれども、これは要するに「国に頼るな。努力しろ。ダメなのは努力が足りないからだ」とする理屈を国民に押しつけたのである。

しかしながら、この男を日の丸の小旗を振って迎えたのは他ならぬ日本国民であった。この男が使ったポピュリズム的政治手法（いわゆる劇場型とされるもの）が功を奏し、国民に「ダイナミックな民主政治に自分も参画している」という幻想を懐《いだ》かせてしまった。当時、国民は規制緩和・自由化におおむね賛成し、これに反対する人を守旧派として弾劾《だんがい》した。利権を漁《あさ》り私腹《しふく》を肥やすことに腐心していた旧来の政治家を嫌うのはある意味当然の心理であり、これを維持しようとする政治家およびその支持者たちを「ぶっ壊す」のは、むしろ正義とすら思ったであろう。

しかし、ここに落とし穴があった。これまで護送船団方式で、さしたる「自助努力」なく国から手厚い保護と利権を享受していた大手銀行、ゼネコン、大企業に対し、嫉妬にも似た反感を懐いていた日本国民は、義憤を覚えるとともに自らが自助努力することによって報われる世の中が到来することを切に望んだ。小泉はこの義憤に訴え、また自助努力によって人は誰でも富と成功を手に入れることができるという幻想を国民に懐かせた。

幼い頃は学校で、長じて社会に出てからも、「努力した人は必ず報われる」と教えられ、またそう信じた日本国民は、かの政治家が放つ「改革」という言葉に踊らされ、結果として自らの首を絞めることになる規制緩和と自由化を、いたずらに歓迎することになった。

「規制緩和」「自由」といえば耳触りはよいが、実際は、たとえば社員を解雇する際の規制をも緩和し、会社は以前よりもずっと自由に社員の首を切ることができるようになったのだ。その結果、貧困層は増え続け、格差も広がったわけであるが、多くの国民はこれを「改革に伴う痛み」として耐え続けたのである。大量解雇などという会社の暴挙に対して、かつては労働組合がその防波堤となっていたが、今では労働組合すらも解体され、その意義を失いつつある。労働組合も一種の共同体である。そこでおこなわれていたことは相互扶助であり、労組員はいざとなればいっしょになって闘う同志でもあった。

また、新自由主義社会での雇用形態として、「派遣社員」の大量採用というのがある。要《い》らなくなったらさっさと切ることができるから、会社にとっては大変都合のよい雇用形態であるが、結果的に大量の失業者を生み出すことになった。このような雇用形態の下では社員間の連帯意識や同胞意識などは生まれるはずもなく、会社は生き残りをかけた過酷なサバイバルゲームの場と化すだろう。労組が機能する余地はもはやない。

●「商品」になった自己啓発

本書の冒頭（1章）で、自己啓発書というジャンルのベストセラーをとりあげ、この国の「自己啓発（セルフヘルプ）ブーム」を追ってみた。これらの本は、いわば自己啓発という「商品」である。書店に行けば、書棚には「自己啓発」「セルフヘルプ」とコーナーの表示が大書され、ハウツー本が山と積まれており、「成功するためのノウハウ」が論じられている。

スマイルズの『自助論』をバイブルとする勝間和代（三笠書房『自助論』のオビに『この本に出会ったことを感謝し、学び続けている。』と推薦文を寄せている）を筆頭に、池上彰、茂木健一郎、長谷部誠（幻冬舎『心を整える。』）、石井貴士（中経出版『本当に頭がよくなる1分間勉強法』など）らが自己啓発書のベストセラーを出している。

ちょっと古いところでは、水野敬也《みずのけいや》の『夢をかなえるゾウ』（飛鳥新社）がずいぶんと持てはやされた。これなどはドラマ化、アニメ化、舞台化までされており、この本が一般のハウツー書ではなくファンタジックノベルという形をとっているという事実を差し引いても、いまの日本人の間にどれだけ自己啓発が流行《はや》っているかが理解できるだろう。

この『夢をかなえるゾウ』、略して『夢ゾウ』は、竹内均訳『自助論』の焼き直しではないかと思われるぐらい古今東西の偉人たちを列挙して褒《ほ》めたたえているのだが、ではそこで説かれている成功のための具体的な実践方法はというと、実に他愛ない。例をあげると、「靴をみがく」「コンビニでおつりを募金する」「人の成功をサポートする」……小学校のホームルームのような「お説教ごっこ」は、もういいだろう。

彼ら自己啓発書のベストセラー作家たちは総じて若い。若くして富と成功を手に入れたのだから持てはやされるのであろうが、それにしても読者諸兄は、この先何があるかわからない若造たちに「あーしろ、こーしろ」といわれて悔しくはないのだろうか。

そうはいっても、バブル崩壊に続き、リーマン・ショックを経て世界を襲った大不況によって、日本型の雇用形態は完全に崩れ、いまや終身雇用も年功序列もない。かつて「日本にはこんなシステムがあるからいつまでたっても一流国の仲間入りができない」などといっていた経済評論家がいたそうだが、日本型雇用制度がなくなったいま、日本は一流国になっただろうか？　いまはほとんど、どこの会社でも能力給制度が導入されている。社内ではもはや年上も年下もない。ある日突然、自分よりもずっと年下の若造が上司になることだってざらにある。そして自己啓発書の著者たちはいう。「それは自己責任だ。努力が足りないから先を越されたのだ」と。

●みんな「自己啓発病」に冒《おか》されている

しかしこういった主張は差別をもたらす。この主張によれば、成功するも失敗するも、すべては自己責任に帰するわけである。その結果、零落した者は「努力を怠《おこた》ったため」と切り捨てられ、本人自身もそう思い、自らのふがいなさを恥じる。左遷もリストラも、いや倒産までもがひとえに自らの自助努力の欠如が招いたツケで、極端な場合は自分を責めて最後は自殺という結論に至ってしまう。

それから、自らの努力によって成功できなかった者は、零落することを避けるため零落させる側に回って、わずかばかりの優越性を保とうとする。ここにイジメの温床があり、殺伐とした自由競争の負の現場がある。小泉が持ち込んだ「頑張った人が報われる社会」は、実は数知れない「報われない人たち」を生み出すことになったのである。

最近は明らかな経済苦ではなく、世のなかに対する漠とした不安で自らの命を絶つ人が多い。なぜ、いまの世はこうした不安を人に与えるのか。それこそ、いまの多くの人たちが、「自己啓発病」に罹《かか》っているからではないかと私は思う。多くのハウツー本は、努力すれば誰もが〝夢がかなった〟り、〝自分が変わった〟りできる、と唱える。しかし、できるはずはないのだ。もし「できる」と本気で信じているとすればそれこそまさしく病《やまい》である。

私の知人にサラリーマンをやっている男がいる。もうずいぶん前に会社から戦力外通告を受け、再三にわたって退職勧奨を受けているが、頑《かたく》なに拒否し続け会社にしがみついている気の毒な男である。この男がこんなことをいっていた。

「御多分《ごたぶん》に洩《も》れず、うちの会社でも自己啓発を奨励、なかば強制している。その一環として、会社が用意したさまざまなスキルアップ講座を、受講料全額会社負担で受けられる。しかし邪推かもしれないが、これは会社の罠《わな》ではないか。つまり会社は人事考課の際にこういうつもりなのではないか。『会社はあなたに投資した。にもかかわらずあなたは結果を出さなかった』。このように査定を低くするための道具として、これらの講座を利用し、来《きた》るべきリストラへの布石を打っているのではないか」

私はこの男にいってやった。

「会社がそう考えているとしたら、むしろ健全だ。それよりも本気で短期間でのスキルアップが可能と考えている方がよほど危ない。おそらく会社は本気でそう考えているのだろう」

1章でものべたが、「スキルアップ」を合言葉にして、資格取得やパソコン技術、そして英会話に、いまの日本人は熱心である。やはりこの男の会社でも、とりわけ英会話の人気が高いそうだ。しかしながら言葉などというものが一朝一夕に身に付くものだろうか。私は世の人事部長といった人たちや、「子供は純真無垢で穢《けが》れを知らない」などと宣《のたま》う児童文学者とやらに問うてみたいことがある。

「あなたはいったい、資格や英語がすぐに身に付けられるのですか？」

「あなたは子供の時分、親や先生がどんなことをすれば喜ぶか、考えたことはなかったのですか？　どんなことをすればお小遣いが増え、内申書の評価が良くなるか、微《み》塵《じん》も考えなかったのですか？」

と。もし「（英語は）すぐに身に付けられる」、「（親や先生が何に喜ぶか）考えたこともない」と答えたならば、この人は病気であろう。笑いごとではない。自己啓発病はもう身近な、誰でも罹る病気なのである。そこには独りよがりの自助はあっても、本来の自助、そして共助、互助が欠落している。

だが、ここに来て、日本人の間にある種の相互扶助意識の再生がもたらされる契機となる出来事が起こった。２０１１年3月11日。運命の東日本大震災である。この大災害をきっかけに、「互助」や「共助」だけではなく、さらに進んだ「共苦《きょうく》（Mitleiden《ミットライデン》）」

という倫理が国民の心に芽生えはじめた感がある。

被災者たちは「ガンバレ」といわれたくないという。まさにそのとおりであろう。彼らは嫌でも頑張るしかないのだ。「ガンバレ」と上からいうのではなく、苦しみを分かち合うのである。

●世界から賞賛された「3・11」の日本

東日本大震災は、甚大《じんだい》な被害をもたらすとともに、日本社会のありかた、日本人のありかたに大きな問題を提起するものとなった。

日本社会と日本人が、この大災害を前にして示した態度と行動は、海外から大きな賞賛を浴びた。

ニューヨーク・タイムズは、震災当日の電子版で、日本人の忍耐力、冷静さ、秩序を実に高潔だ、と賞賛し、それは日本人の「GAMAN（我慢）」という特質にある、そしてそれは今後さらに発揮されることになるだろう、と報じた。

ウォール・ストリート・ジャーナルも、同じ日、「不屈の日本」と題する社説を掲げて、日本の政治家の失態に大部分の国民は困惑しているが、にもかかわらず日本人の力は依然として偉大だ、とのべた。

アメリカだけではない。ヨーロッパでもアジアでも全世界のメディアにおいて、同じような報道が見られた。前年に起こった尖閣諸島問題での漁船衝突事件で対日関係が冷え切っていた中国も例外ではなかった。

中国のインターネット上では、たとえばツイッター中国版である「微博」の書き込みに、非常事態にもかかわらず日本人が冷静で礼儀正しく行動していることに驚き、「とても感動的」「われわれも学ぶべきだ」とする声が相次ぎ、それが7万回以上転載された、と報じられている（北京発・共同通信配信）。

彼らは、いずれも、自分たちの社会において同じような災害時にこれまで体験されてきた市民の態度と行動とひきくらべて、日本の場合がそれとはあまりに違うのを見て、感嘆しているのである。

たとえば、アメリカでは2005年の巨大ハリケーン・カタリーナの経験、中国では2008年の四川《しせん》大地震の経験が記憶に新しかった。中国の反応では、その経験とくらべて、「日本の学校は避難所、中国の学校は地獄」とか、「中国では教師が生徒を置き去りにして逃げたが、日本では中国人留学生を避難誘導して全員逃がし、自分は犠牲になった」とかいった指摘が目立ったのが特徴だった。

もうひとつの特徴は、日本政府の震災対応に対しては厳しく批判しながら、それとは対照的に被災者や一般市民の態度が立派だと評価するものが多かったことだ。

特に福島第一原発の事故については、被災現場の対応を政府が主導せずに東電に任《まか》せつづけ、その結果、炉心融解と高濃度放射能漏れを招いた点、情報を充分に公開しないまま、適切なリスクコミュニケーションを怠《おこた》りつづけてきた点で、政府が果たすべき責任を果たしていない、との批判が強かった。

たとえば台湾メディア「今周刊」は、震災直後、「日本政府が無能であっても日本国民は辛抱強く、また秩序正しく大災害に対処し、国際的な敬意を勝ち得ている」「一方で、政府の無能ぶりは各国の反面教師となっている」と報じた。

ところが、それにくらべると現場のリーダーはよくやっている、というのが海外メディアの評価だった。たとえば、3月20日付ニューヨーク・タイムズは、福島第一原発の事故に対する日本政府の対応を強く批判しながら、それにくらべると原発の事故現場で危険に立ち向かっている作業員の態度は政府と対照的だとして、「我と欲を捨てる精神と冷静さ、規律を尊重するという日本人の行動規範を福島の原発で危険な作業を続ける作業員が体現している」と讃《たた》えた。

このような諸外国の反応は、日本人の自尊心をくすぐるものだった。

●混乱の被災地で、何が秩序を生み出したのか

災害社会学という社会学の分野がある。災害の際の個人と社会集団の行動を研究するものだ。その分野での研究によると、災害が起こったときには、多くの場合、被災者の間に「被災者共同体」と呼ばれる強い絆が急速につくりあげられるという。そして、その共同体を通じて、災害によって生まれた緊急事態に対応する秩序が形成されるという。こうした秩序が形成されるのは、災害の現場においてであり、その形成の中心になるのは、多くの場合、その現場に応じて臨時に生まれてくるリーダーたちである。

東日本大震災に際しても、そのような被災者共同体と現場の秩序形成が広く見られ、その中心になった無数の名もない現場リーダーの姿が見られた。

被災地域や避難所では、自然発生的にすみやかにリーダーが生まれ、その下で被災者のなかで任務分担がされ、自分たちで自分たちを統治する関係がつくられていった。ただし、それは、行政上の単位や政治的な単位とはかならずしも重ならないものであった。こうした被災者共同体は、だいたい町内会エリアや避難所を単位に形づくられ、リーダーはそのなかから非公式に生まれたものであった。そして、そこには、大きな被害と悲惨な状況にもかかわらず、見事な共同の秩序がつくりあげられたのだ。

また、被災者救援や災害復旧に当たった医療機関、消防団、地方自治体担当部署などにおいても、現場の医師や医療スタッフのリーダー、所長や課長クラスの公務員といった現場末端リーダーが優れた行動力と指導力を発揮した。これは、トップの指導者――たとえば菅首相、北沢防衛相、東電トップなど――のていたらくとまったく対照的であった。

アメリカの雑誌『タイム』は、２０１１年4月21日、「世界でもっとも影響力のある１００人」を発表したが、その１００人の中に日本人で選ばれたのは、菅直人でもなければ枝野《えだの》幸男《ゆきお》でもなく、福島県南相馬《みなみそうま》市の市長・桜《さくら》井《い》勝延《かつのぶ》と宮城県南三陸町志《し》津川《づがわ》病院の医師・菅野《かんの》武《たけし》のふたりであった。

桜井は、市内の被災者の切実な声をまとめ上げて政府を強く批判、その声を全世界に発信した。それによって「弱者にもたらされた災厄に全世界が感動した」と『タイム』誌はいう。また、菅野は大津波に襲われた病院で患者たちを守りぬいた若い医師だ。『タイム』誌は、「津波警報後に患者の上階への搬送を即座に開始。その後、患者全員が救出されるまで病院にとどまった」と、その勇気と責任感を讃えている。

大震災時の日本人の秩序だった行動を組織したのは、政府や警察ではなく、こうした現場のリーダーたちだったことを世界的なメディアが認めたのだ。

このように、東日本大震災において、日本人は、まだまだ優れた現場秩序形成力をもっていることを示したのである。

●「自助力」とは「ご近所力」

このような非常事態における現場秩序形成を可能にした力は、地域社会のどこにあったのだろうか。

２０１１年4月15日付毎日新聞夕刊は、大津波に襲われて町内で10人の死者を出した仙台市三本塚《さんぼんづか》の住民が、町内会に結集して震災に立ち向かった様を報道している。

三本塚住民は、避難所になった中学校での避難生活でも、町内会のつながりを維持して、若手中心に自警団を結成して、避難後空き家になっている町内の秩序維持に当たったり、健康を害している高齢者の介護や病院搬送をおこなったり、さまざまな助け合いによって、自力で苦難を乗り切ってきたのだった。

この三本塚町内会の地域は、何百年も続いてきた集落で、十数代にわたって地域に住んでいる住民もめずらしくない古い共同体だという。だから、日頃から、住民同士の相互扶助が町内会を通じて積み上げられてきているのだ。それが、大災害に直面したときに生きた。

記事は、それを培《つちか》ってきた力を「ご近所力」と呼んでいる。

三本塚住民は、被災直後はいくつかの避難所に分散していたのだが、リーダーが、町内単位の助け合いがいちばん大切だと考えて、声をかけてまわって、一カ所の避難所にまとまって生活するようにしたのだという。そして、その後の復興においても、町内が結束して、かつての居住地に新しい町をつくろうとしている。

今回の被災地では、このような地域共同体がほかにもいくつもあったのではないか。特に漁村や漁業の町、農村では多くがそういう共同体だったのではないか、と思われる。だからこそ、震災後、ジャーナリズムの一部にではあったが、地域共同体(あるいは地域コミュニティ)を基盤にした復興を進めるべきだという主張が強く見られたのであろう。住民が被災前と同じ共同体ないしコミュニティを維持して復興できるように、政府は手を尽くすべきだというのである。私もそう思う。

「自助」ということを考えるとき、東日本大震災における自助とは、まさにこういうことをいうのであって、それを可能にした「自助力」とは、「ご近所力」、地域共同体ないしコミュニティの相互扶助力にほかならなかったのである。

●「耐える民族」という自己催眠

こう見てくるといいことずくめのようだが、そうではない。

日本人は、海外メディアからそろって誉めあげられて、すっかりいい気分に浸《ひた》った。しかし、そうした海外メディアの報道のなかには、一般日本人の行動様式に対する鋭い批判を含んだものもあったことを見落としてはならない。

震災直後に被災地を取材した韓国人ジャーナリスト、朝鮮日報の鮮于《ソンウ》鉦《ジョン》は、次のように書いている（朝鮮日報日本語版２０１１年３月16日）。

被災者は本当に沈着だった。家族を失った人々は静かに涙を流し、生きていた家族と劇的に再会した人も、悲しみにくれる人たちを配慮し、静かに喜んだ。空腹でも食べ物をもっとくれと騒ぐ人はなく、切羽詰まって立ち小便する人もいなかった。ペットを連れて避難所に入ることを禁じられると、子犬を抱き、避難所の外で布団をかぶって寝る人の姿も見られた。危機に直面した彼らは、普段よりもさらに声を押し殺し、ぐっとこらえていた。

そんな態度を鮮記者は「尊敬する」という。ここまではほかの日本人礼賛と同じである。だが、それだけで深刻な事態が打開されるのだろうか、と鮮は問う。

裕福な日本はなぜ自国内で十分な物資を送るのにこんなに時間がかかるのか。被災地の人々はおにぎり1個で1日を耐え忍んでいるというのに、首都圏の人々の買い占めによって、被災地に送る物資が足りなくなる（15日付朝日新聞）という矛盾した現実がなぜ報じられるのか。「恥ずべき姿だ」と互いを非難し、自衛隊でも動員して、システムを整える方がましではないか。

……

被災者の人々には「早く食べ物をくれ、早くトイレをつくれと、もっと声を上げてはどうか」と言いたい。「耐えることだけが良いわけではない」と叫びたい。声を荒げて、こぶしを振り上げなくても救援物資が迅速に届く状況であれば構わない。しかし、現実はそうではない。今の日本は「耐える民族」「礼儀正しい民族」

という自己催眠に陥り、自ら苦痛を生み出している。

ここには、日本と朝鮮の民族性というか気質というか、そういうものの違いが介在しているし、耐えているのは自己催眠だといったような短絡的な思考も感じられる。だが、日本社会のありかた、日本人のありかたとして根本的な問題点が指摘されていることも確かだ。

●待つだけでは天は助けてくれない

大震災に直面して、被災者は、状況と境遇を共有するもの同士が結びつきあって、自分たちを守るための被災者共同体を形づくった。そして、そこでおたがいに助け合って、事態に立ち向かっていった。これは優れた危機対応であり、自助のかたちである。それは、自分たち自身で自分たちを統治する自治につながっていく。

だが、それだけでは生きのびてはいけない。食糧や燃料をはじめ生活物資を確保しなければならない。住む場所や設備をはじめ生活施設を確保しなければならない。それは、被災者がおたがいに助け合うだけでは確保できないものだ。

生きのびるためには、外に働きかけて、行政と政府を動かし、救援システムを動き出させなければならない。それを自分たちでやろうとすることもまた、自助なのだ。ただ我慢して待っているだけでは天は助けてくれない、というのが、実はこの世の原則なのだ。だから、みずからを助けるために、外に対して働きかけていかなければならない。そういう自助があってはじめて、「天は自ら助くるものを助く」ということになるのだ。

ところが、日本では、我慢して待っていれば、助けてもらえるという世界中で非常識と思われていることが常識になっている。実際、これまで多くの場合、それで何とかやってこられた社会だったのだ。だから、多くの場合、自助とは他人から何かしてもらおうとせずに我慢して自分でやることだ、と思われている。

このような社会では、生活現場における自助は、縮こまった自助、受け身の自助になってしまい、そこに自治が生まれても、狭い範囲だけの自治、小さな自治にとどまってしまう。

今回の震災対応でも、一貫してそういう傾向が見られた。鮮記者の指摘は、そこに見られる日本的な社会と個人のありかたの問題点をつくものになっていたのだ。そして、この問題点を追求していくと、日本社会においては、「自助」というものが、ヨーロッパをはじめとするほかの近代社会において考えられているのとはずいぶん違うものになってしまっている事情が、次第に見えてくるのである。

●外国人たちの「自助行動」は、日本人とどう違うのか

この問題を考えていくために、大震災の時日本に住んでいた外国人、特にヨーロッパとアメリカの人たちがとった行動を日本人と比較してみよう。

彼ら在日外国人が、大震災特に原発事故に対してとった行動とは何だったのか。彼らの多くが本国に逃げ帰ったのだ。なぜ、彼らは逃げたのだろうか。

間接的に聞いた話では、彼らは、その理由を次のように説明しているという。

〈福島第一原発の事故が深刻な事態を引き起こしていることはすぐわかった。そして、この事故について日本政府と東京電力が発表していることは、すべて信用しなか

った。ほんとうのことを知るために、自分たちで情報を集めたが、集められる情報には限界があって、確実なことはわからなかった。ただ、考えられるリスクの範囲は一応判断できた。それによると、東日本から逃げられるなら逃げるべきだ、と判断せざるを得なかった。いちばん簡単なのは本国にもどることだった。だから、そうした。〉

——ということである。

ここでポイントになるのは、日本政府と東京電力の発表をいっさい信用しなかったという点である。

これは日本政府だから信用しない、東京電力だから信用しないというのではない。こういう状況の下では、その状況に責任を負っている政府と企業は、どこであろうが、その発表を信用しない、ということである。これは私も同じである。

政府が緊急事態において第一に考えるのは治安維持である。したがって、それが広まったらパニックを起こすであろうと思われるような情報はけっして発表しない。政府の都合に合わせてデータや情報を隠したり変えたりしながら、裏で何らかの手を打とうとする。これは、良いか悪いかを別にして、そういうものなのである。

企業の行動原理とはどういうものか。株主と社員の利益のために行動する――これが企業行動の基本原則である。東電のような公益業であっても、根本は同じである。公共の利益が株主と社員の利益より優先されるということは原則としてない。

ほんとうはそうではない考え方も成り立ちうるのだけれど、「会社は株主のもの」とするアングロサクソンの経営思想では、それが当然だとされているし、そうした考え方が、グローバリゼーションを通じて、「世界の常識」とされてしまっているのが現状である。だから、国営企業ではなく民間企業である場合、企業が株主と社員の利益のために行動するということも、良いか悪いかを別にして、しかたのないことなのである。

こうした前提が成り立つ以上、今回のような事態の下では、公式の発表や説明に頼らず、自分たちで情報を集めリスクを判断しなければならないのだ。これが第二のポイントである。

この点が、震災のような緊急事態における自助行動の基本にならなければならない。

在日外国人たちは、政府にもっと充分な情報を出すように要求し、本国政府も公式にそういう要求を強くした。そして、みずからも、インターネットなどで原子力専門機関のシミュレーション・データを調べるなどして、自分たちでリスク・マネジメントをおこなったのだ。その結果、逃げた。これも自衛行動というひとつの自助行動のかたちである。

この行動は、日本人からは利己的だという批難があったが、自衛行動として基本的に正しいものだった、と私は思う。

●利己とリスク・マネジメントと

東日本大震災における日本人の自助行動は、在日外国人のこうした自助行動にくらべれば、利己的ではなかったが、リスク・マネジメントとして適切なものとはいえなかった。

それは、前に見たように、受け身の姿勢で小さな共同関係に閉じこもって、じっと我慢しているというものになってしまい、特に原発事故対応においては、東北・北関東の被災地に限らず、日本全体が、被曝リスクに対しては、結果的に、「赤信号みんなで渡れば怖くない」というのと変わらないものになってしまったといえる。

岩手県陸前高田市の被災者を取材した毎日新聞の記者は、この地方の人たちには特に、「一方的にだれかの世話になることに対する抵抗が強くある」ということに気がついた、という（毎日新聞2011年5月7日朝刊）。

そのような態度は、この土地のことばでは「もっけだ」というそうだ。「ありがたいけれど、迷惑をかけて申し訳ない」という意味だということだ。このような「もっけ」文化が、他人の世話に対してだけではなく、行政や政府の施策に対しても、要求を出すことを渋らせているようなのだ。

このような態度は、一概に批難すべきものではない。朝鮮日報の鮮于鉦がいうような「自己催眠」にかかっているものではない。ひとつの文化なのだ。そこには弱者の境遇にあっても矜持《きょうじ》を失わないという姿勢さえ感じ取ることができる。

だが、それが他人に対してではなく、民主主義（ということになっている）国家の行政や政府という機関に向けられるのはまちがっている、といわなければならない。

そのような態度は、行政や政府を、われわれが主体的に責任をもって対すべき存在ではなく、アクセスできない「お上《かみ》」のような存在としてしまうことになる。

われわれが「自助」を全《まっと》うするためには、このような態度を行政や政府に適用するのをやめ、そこにおいては「もっけ」文化を超えなければならないのだ。

●「おねだり」を超えるために

このような態度のどこがまちがいなのか。しちめんどくさいことを言うようだが、これはしばしば忘れられている大原則なので、民主主義とは何かというところに立ちもどって、はっきりさせておきたい。

民主主義というのは、統治の形態である。国民国家というレヴェルで成り立っている民主主義は、国民総体が、みずからを守るために（for the people)、みずからの手によって（by the people)、みずからを（of the people）統治する「自己統治」という統治形態なのである。そこにおいては、「みずからを統治する」のであって、統治する者と統治される者が一致している。そうした関係のなかで組織される政府とは、そのような「自己統治」のための媒介にすぎない。

だから、政府の活動というのは、その本質において自己統治活動なのであって、そこから見れば、「他人の世話になる」ことではない。震災時の救援において政府が適切な行動をしていないことを、当事者である被災者が許すことは、自己統治をおろそかにしてみずからやるべきことをやらないことを意味している。民主主義という統治のしかたをとっているかぎり、統治される者が政府を免罪することは、統治する者としてのみずからを免罪することなのだ。

ところが、日本においては、民主主義とは自己統治であり、統治される者は同時に統治する者であるということが理解されていない。そして、民主主義の名の下に民主主義とは反対のことをやっているのだ。つまり、国民は「国はなんとかしてほしい」とお願いするだけの「要望主義」になってしまっているのであり、これに対して政府は「なんとかするから、全部俺たちにまかせるといってくれ」という「請負主義」になってしまっているのが実情なのだ。こんなものは自己統治でもなんでもなく、民主主義とは呼べない。

そういうなかでは、被災者が適切な救援活動を政府にさせることは、ほんとうは自己統治活動なのに、お上頼《かみだの》みのねだりみたいにみなされかねなくなってしまっているのだ。だから、「もっけ」になるのも、実は無理がない。

だけど、そこを超えなければ、ほんとうの自助にはならない。

ところが、民主主義のはきちがえが支配している下では、政府を自己統治活動の媒介として活動させることは非常にむずかしい。

では、どうするか。

直接・間接に被災者救援の手をさしのべようとしている市民と結びついて、開かれた自助、広げられた自己統治として活動を展開することが必要なのである。

実際そういう活動は、被災地でおこなわれてきたのだ。

●避難生活者たちは、いかに「自助」活動をおこなったか

「もっけ」を超えた自助の一例をあげよう。

宮城県南三陸町歌津崎《うたづさき》という岬に馬場中山《ばばなかやま》集落という集落がある。小さな漁港を中

“被災共同体”から“復興共同体”へ

「3・11」で被災した宮城県南三陸町馬場中山地区の人たち。集会所に非難した彼らは、全員で自力復興に取り組んだ。写真はホームページ『馬場中山センター日記』(2011年4月20日)から。
http://www.babanakayama.jp/diary/201104/diary20110420.html

心にワカメや近海魚の漁で暮らしている漁村である。

大津波は、馬場中山集落の漁業施設、漁船、漁具、住宅を根こそぎさらっていった。集落裏手の丘の上にある集会所「馬場中山生活センター」に全員避難した。いわゆる「自主避難所」である。約200名の住民は、ここに拠《よ》りながら、自力で復興活動を始めた。集会所は狭い。女・子供はなかに寝て、男たちは野宿だ。

まず命をつながなくてはならない。ここは町と細い道一本でつながる辺鄙《へんぴ》な場所で、その道も通れなくなってしまった。すぐに救援物資が来ることは望めない。公民館には炊事施設があり、燃料もあったので、自炊ができる。食材調達隊を組織して、破壊された集落の泥土のなかから、米、野菜、油、醬油《しょうゆ》……使える食料品を拾ってきて、水で洗って調理する。

救援物資はなかなか届かない。ここは「忘れられた村」なのだ。自力でがんばれるのには限度がある。町の避難所まで救援物資を取りに行くことになった。町につながる道路は津波で流されてきた家でふさがれていたが、その家の親父は「壊してけれ」という。解体して通れるようにした。何とか乗れる小型トラックを一台、瓦礫のなかから掘り出して、修理して使えるようにした。

そうやって町の避難所に行って救援物資を獲得し、食料はなんとかまかなえたが、集会所は住民全員を収容するには狭すぎる。男たちがいつまでも野宿しているわけにもいかない。自分たちで小屋を建てることにした。津波で壊された集落に降りていって、まだ使える柱や材木を拾ってくる。風呂桶やトイレも、まだ使えそうなものは拾ってきて、修理を試みる。それらを組み合わせて、自力で掘っ立て小屋を建てた。これで男たちも屋根の下で寝ることができる。

こうした自力生き残りの中心になったのは、中山地区長である漁師の「クラさん」こと阿部倉善《あべくらよし》だ。クラさんは、馬場地区長の三浦光太郎《みうらこうたろう》の協力をえながら、集落の住民全員をまとめ、任務分担をして、集団避難生活を運営してきた。

4月になって、南三陸町の行政当局から、別の土地へ集団避難してはどうかという提案があった。集落の近くに仮設住宅が建設されるまでの間、一時的に移住したらどうかというのだ。しかし、仮設住宅がどこにいつ建てられるのか、その間、全員が同じ場所で生活できるのか、なんの保証もなかった。

確かに、狭い公民館と掘っ立て小屋での避難生活は限界にきつつあった。いったん別の場所に避難したいと考えている住民もいた。

ここが正念場であった。

●行政の手は借りない

リーダーのクラさんは、いま村民が各地に散ることで結束が崩れたら、村の再建はできない、と直感した。そして、今後、行政や政府の施策に受け身に依存しているかぎり、彼らの都合で動かされ、きっとバラバラになってしまう、と。

そこで、村の全員が参加する「寄合《よりあい》」を開いた。日本の農村・漁村に徳川時代から続く完全合議制の自治機関だ。この寄合で、個人の事情でやむをえず一時移住することも含めて、どうやって全員が参加、結束して村の再建をおこなっていくか、相談した。

寄合を重ねた結果、さまざまな事情から移住を考えていた人たちも含めて、全員が馬場中山生活センターに残って、村の再建に当たることになった。それまでは、同じ集落で生活していたのだからという理由で、いうなれば自然発生的なかたちで共同関係を保っていたのが、寄合を通じて全員協議を重ねることによって、ひとりひとりが自覚的なかたちで協同する関係になった、ということができるだろう。

このようにして意思を統一した住民は、近くに全員がいっしょに住める仮設住宅用地を自分たちで探し、確保したのである。最終的に決めたのは裏山の畑地で、地権者は集落の住民だったから、快く提供してくれた。そこに、すぐに仮設住宅を建て、そこでみんなで暮らしながら、漁業の復興、集落の再建を進めよう、そういうプランが動き出した。

ところが、行政当局が、その敷地には水道を引くのが困難であり、道路から300メートルあって道が造成できないなどとして、仮設住宅用地には向かないと難色を示した。そこで、住民たちは、全国のボランティアに援助を求めることにした。

もともと、馬場中山地区の人たちは、自力で復興に取り組むことを基本にしていたが、それは行政や外部のボランティアの手は借りないということでは、もちろんなかった。むしろ彼らは、受け身の自助、狭い自治に閉じこもるのではなくて、外部に対しては、被災1カ月後の4月11日から、パソコンを上手に使える若者の手で開設したホームページで積極的に情報発信した。そこで援助を具体的に求め、行政に対しても、要求をするだけでなくプランを逆提案するなど、開かれた自助、外に伸びていく自治を実践してきたのだ。

だから、行政当局にそういわれても、あきらめることなく、プランを練り直し、行政に認めさせせようとした。ホームページなどを通じて実情を訴えると、多くの人たちから「こうしたらいい」というアドヴァイスが寄せられ、プロの測量士たちや土木建築業者たちが遠くからやってきてくれて、測量や造成・建設のプランづくりを援助してくれた。……

その後もさまざまな困難があった。だが、それを協同と自助、自立と相互扶助の相乗で乗り切って、着々と自力復興を進めてきたのである。

彼らはいま、高台への集落移転を目的とする幹線道路として、そして百年先の世代まで安心して暮らしていくための道路を実現させようという「未来道プロジェクト」、漁業自力復興プロジェクト「なじょにかなるさー(何とかなるさ)プロジェクト」を自分たちで組織し、全国のボランティアの支援の下に進めている。人口200人の孤立集落が、自力でこれだけのことをやっている。被災共同体は、復興共同体へ、「新しい村」の建設共同体へと発展していっているのだ。

彼らがやっていることについては、まだまだ書くべきことがあるが、長くなったのでやめておこう。

ただ、いっておきたいのは、このような自力復興の取り組みが、馬場中山地区だけではなく、さまざまな地域で、さまざまなかたちで見られるということだ。

●相互扶助がなければ自助はない

これらのことについて、もっともっと書きたいし書かなければならないと思うのは、どうしてか。それは、この馬場中山地区などに見られるような自力復興の営みにこそ、3・11以後、被災地のみならず日本全体でもとめられている自助のありかた、そして震災を契機にしてつくりだされるべき新しい地域社会のありかたが如実に示されていると考えるからである。

これこそが、「いまもとめられている自助」なのだ。その特徴は、どういうところにあるのか。これまで見てきた被災者共同体の自助のかたちのなかから、次のような点が見えてくるのではないか。

そのひとつの特徴は、協同と表裏一体になった自助であるという点にあるのではないか。

「政府や行政に頼らず自分たちの努力で生存を確保し復興をなしとげる」というのが、これまで見てきた被災地での自助であったが、これは、2001年あたりからとりわけ強くいわれてきた「政府や行政が介入せずに市場機能にまかせる」「政府や行政が撤退して民間にまかせる」といった市場主義・民営化路線とはまったく違うものなのである。

大震災が起こった状況の下で、権力や資本力をもたない被災者が、権力や資本に服属せずに、自力で生存を確保し、復興をなしとげようとしたら、同じ状況の下にある者がおたがいに結びつきあい、助け合って、自力を補い合い、強め合って事に当たるしかない。協同なくして自助はないし、相互扶助なくして自助はない。それが権力も資本力もない者の自助のかたちなのだ。馬場中山地区の被災者も、そうやって自助を営んできたのだ。

もうひとつの特徴は、これと関連しているが、共同体意識を基盤にした自助であるという点にあるといえるのではないか。

先ほど「共同から協同へ」ということをいった。「自然発生的なかたちで共同関係を保っていたのが、寄合を通じて全員協議を重ねることによって、ひとりひとりが自覚的なかたちで協同する関係になった」ということである。そして、ここでいった「自然発生的なかたちで保たれていた共同関係」というのは、伝統的共同体における関係に淵源《えんげん》をもつものである。だから、ここで全員協議を通じて新たに創られた「ひとりひとりが自覚的なかたちで協同する関係」、そこに立脚した自助は、共同体意識を基盤にしたものだった、といえるのである。

日本の近代知識人、特に戦後知識人の多くは、このようなかたちの「共同」を「共同体への無自覚な埋没」ととらえて、共同体を解体するか、共同体から脱出するかして、「自由な個人の自覚的結合」として「協同」を実現しなければならない、と主張してきた。だが、このようなとらえかたは、いまや通用しないものとなっているのではないか。

むしろ、いま、いくら脱却しようとしても、いくら解体しようとしても、社会が社会であるかぎり何らかの非公式なかたちで成立してくる自然な共同関係と相互扶助意識、それを基盤にし、組み替えた協同関係と自助意識こそがもとめられているのではないか。

1章でのべたが、原発20㎞圏内に住んでいたがために故郷を追われた福島県川内村の人たちが、一時帰宅を許されたとき、自宅から避難所に何を持ち帰ったか。彼らが優先して持って帰ったものは、「母親の位牌」「家族のアルバム」「ヒツジの品評会の賞状とトロフィー」……などであったという。

いま、彼らが取りもどそうとしているのは、故郷《ふるさと》の底のところにあった祖先とのつながり、家族、仲間とのつながりであり、その共同性のあかしなのではないだろうか。

それは、津波で家を失った多くの被災者も同じなのではないか。だからこそ、馬場中山地区の被災者も、あるいは大槌《おおつち》稲荷神社避難所の被災者も、宮古《みやこ》重茂《おもえ》漁協の被災者も、自然な共同関係と相互扶助意識を再活性化させることを通じて自力復興に取り組んでいるのではないだろうか。

●大災害がもたらした日本人の意識の変化

このような自助は、被災地においてだけもとめられているのではない。3・11を境に日本人の意識が大きく変わったといわれている。この意識変化については、いろいろな要素があるが、なかでも自助をめぐる意識の変化は、はっきりと見られるように思われる。

日経BPコンサルティングと日経BPビジョナリー研究所が、「3月11日（震災）以降の日本社会の価値観やものの考え方の変化」についておこなった、アンケート調査がある。日経ビジネスオンライン読者の中から12万2186人に調査協力を依頼して2011年8月17日から24日まで実施したWebアンケート調査である。日経ビジネスオンライン読者というと、ほぼ意識的に社会状況を見ようとしているビジネスパーソンだと考えていいだろう。

この意識調査によると、「震災以降、日本社会の価値観やものの考え方が変わった」と考える人が85・8％に達しているという。これは、想像していた以上に大きな割合である。

それでは、どういうふうに考え方が変わったのか。

これについて、調査に当たった日経BPビジョナリー研究所の谷島宣之は、こうのべている（日経ビジネスonline 2011年9月27日）。

筆頭に「自分の生活は自分で守らなければならないと（再）認識するようになった」（77・6％）がきている。これは3番目に入った「国や政治は頼りにならないと不信感を持つようになった（より持つようになった）」（66・4％）と対《つい》になるものだ。

「会社など組織に頼らない生き方について考えるようになった」と答えた読者は24・4％にとどまった。［だが］4人に1人が「会社など組織に頼らない生き方について考えるようになった」というのは「とどまった」ではなく、かなりの変化なのではないか。

私も「かなりの変化」だと思う。そして、これは、自助意識の高まりというふうに見てよいのではないか。

だ。

●そして、モノに頼らなくなった

もうひとつ、震災後の意識変化で注目すべきだと思ったのは、持ち家志向の変化だ。

不動産業界や住宅建設業界の人間から、震災後、首都圏中心に持ち家志向が劇的に変わった、という話を聞いた。

住宅をめぐって震災後すぐに現われた変化は、地盤の強弱と海からの距離や海抜の高さを気にする動きだったという。首都圏では、都心から遠くても、地震や津波に遭うリスクが少ないところに住みたいという要求が急に強まり、それまで人気のあった臨海マンション群から、品川区・目黒区・大田区・世田谷区といった城南地区へ移動が始まったということだ。

それだけではなく、持ち家から賃貸へというシフトも始まっているという。これについて取材した『サンデー毎日』２０１１年5月29日号の記事には、こうあった。

「マンションの購入を考えていたのですが、やはり余震や原発事故の影響が気になって。子供も小学生になるので、ちょうどいい時期かと思ったのですが、妻とも話し合って結局、賃貸にしました」

今春、千葉県から都内への転勤が決まった会社員（44）はそう振り返る。

……

未曽有の震災を受け、持ち家を資産でなくリスクとみなす人が増えたのだ。

住宅評論家の櫻井幸雄氏は「名古屋や関西の出身で、東京の大学を出て、そのまま東京で結婚した人の間でマンションの買い控えが起きています」と指摘する。

マイホーム願望、持ち家志向があれほど強かった日本人の間で、「持ち家を資産でなくリスクとみなす」傾向がこれだけ現われたのは、注目すべきだ。

それは、持ち家だけではなく、およそモノの所有を頼りがいのあるものだと考えなくなる傾向に発展していく可能性をもっている。モノなんかどんなにもっていても、今回の大震災のような出来事に遭遇すれば、なんの頼りにもならない……そう思う人が増えているのではないか。

このような「所有から利用へ」という傾向は、震災前から広く現われていて、震災をきっかけに表面化したといってよい。およそ、「震災を契機に現われた意識変化」というのは、たいがいがそうである。そして、そういうものでなければ定着しないまま一時的な流行に終わってしまうだろう。

「モノをたくさんもちたい」という意識が、特に若い人たちの間ですっかり薄くなっているのは確かだ。そして、それだけにとどまらず、むしろ「モノをもっていることにわずらわしさを感ずる」ようになってきたのだ。

保管、保険、メンテナンス、廃棄などのコストを考えれば、借りられるモノは借りたほうがいい。そこに「所有から利用へ」というトレンドが現われているわけだ。これは、スローライフとかロハスとかいうライフスタイルの浮ついた流行を超えて現われている動きだ。そして、広範な社会層において、人々はモノに頼らなければならない生活を変えようとしている。

モノに頼らないなら、何に頼るか。ヒトである。ヒトに頼るとはどういうことか。自分自身の力に頼り、他人との結びつきに頼る、ということだ。だから、大震災後、非常によく使われるようになったことばが「絆」なのだ。

こうした現象は、自助意識の高まりを示しているのではないか。

●「利他的自助」と「利己的自助」

問題は、その自助意識がどういう方向を志向しているものなのか、という点である。「会社など組織に頼らない生き方」「モノに頼らない生き方」とは何かということだ。いま参照した意識調査や報道では、その中身まで踏み込んだ調査や取材はしていないようなので、はっきりしたことはわからない。

しかし、そこには、これまで見てきたようなかたちでの自助意識も含まれているのではないだろうか。

というのは、3月11日、大量の帰宅困難者が生まれた東京のビジネス街でも、相互扶助による自助行動がさまざまに見られたからである。地震でスーパーの棚の商品が崩れても、略奪や持ち逃げが起きないどころか、客が棚に商品を戻していた。難民収容所のようになった都心のホテルでは、ホテル側が、ありったけの椅子をロビーに置き、無料で毛布やペットボトルの水を配っていた。徒歩で帰宅する者に対し、沿道の靴屋は「自由に使ってください」と運動靴を無料で提供していた。……そういう同胞意識と相互扶助意識の発露が随所に見られたのである。

また、同じく『日経ビジネス』が広くおこなった震災後における消費行動の変化の調査がある。2011年6月に発表された全国5000人を対象にした「購買意識」調査だが（『日経ビジネス』6月6日号に調査結果掲載）、そこで明らかになった変化は端的に表現すれば、「利他消費の出現」であるという。

つまり、消費の背景にある「他者」の存在や「自分の消費の意味」を強く意識するようになったというのだ。そして、この傾向は、「直接被災地」「東電管内と北日本の間接被災地」「その他地域」と三つに分けてみると、意外にもあまり変わらない、ということ。つまり、震災後に全国的にこのような意識変化が現われている、ということだ。

こう見てくると、震災を契機に、相互扶助意識と表裏一体になった自助意識、同胞意識と表裏一体になった自助意識が、日本全体で強まっているのではないか、とも思われてくる。

しかし、その一方で、そうでもない自助意識もまだまだ強いようなのだ。それは、日経ビジネスの調査結果から浮かび上がるものを「利他的自助」とするなら、「利己的自助」というべきもので、そのような意識は2001年頃から新自由主義的「構造改革」なるものによって特に強められてきたように思われるのである。

4

「勤勉」と「成功」の終わり

●不愉快な勤勉

竹内均訳『自助論』のアマゾン・カスタマーレビューに、こんな感想があった。

「勤勉になってほしいという押し付けがましい意図を感じて不愉快です。勤勉になったほうがいいのか、あるいは勤勉になったほうがいいと思い込ませようとしているかでいうと、後者に当たると思います」

そこには、「おしつけられてきた自助」に反撥する姿勢が見られる。同時に、そのおしつけの焦点を「勤勉」に見ている点が注目される。

そして、スマイルズの『自助論』が説く美徳の中心は、確かに「勤勉」におかれているのである。「自助」とは「勤勉に働いて、自分で自分の運命を切り拓くこと」だというのは、この本のなかで何度もくりかえされている中心命題なのだ。

『自助論』礼賛者もみんなそろって、勤勉を説く。私同様、勤勉とはおよそ縁遠い、あの小泉純一郎まで、施政方針演説で『自助論』を引いて、「勤勉努力した若者たちが主役となって近代国家日本の基礎が築かれました」などと演説している。

私自身は、大の怠《なま》け者だから、こうした『自助論』礼賛者の勤勉讃美より、そういう讃美を「勤勉になったほうがいいと思い込ませようとしている」としていやがっている読者の感想のほうに味方したい。

もちろん、これは感情の問題ではない。ほんとうに勤勉は美徳なのかという社会倫理の問題なのだ。そして、ここに、スマイルズの『自助論』を含む近代の「自助」観念の根本的な問題が含まれているのである。

ほんとうに勤勉は美徳なのか。

●かつて「労働」とは奴隷の仕事だった

勤勉が美徳であるとされるようになったのは、そう古いことではなさそうだ。というより、ヨーロッパでは、つい最近のことのようなのだ。

古代には勤労というのは奴隷のやることだった。もう少し正確にいうと、市民社会を構成している市民以外の者がやることだった。ギリシアでは、生産労働は奴隷がやり、家内労働のような非生産労働は女がやった。奴隷は自由民ではなかったし、自由民であった女性も市民ではなかった。労働なんていうものは、れっきとした市民がやることではなかったのである。当然、労働に勤《いそ》しむことである勤労が美徳だなどとは思われていない。

そういいきってしまうと一面的で、たとえば市民だって農作業はやったではないか、といわれてしまう。確かにそうなのだ。友人の哲学者によると、古代ギリシアでは、自分の農園で農作業をするというのは自分自身のために働くものだという意味で、「プラクシス」（実践）という概念でとらえられ、他人のために道路を造ったり、掃除をしたりするのは他人のための働きということで、「ポイエーシス」（制作）という概念でとらえられた。そして前者はいいけど、後者は市民がやるべきことではない、と考えられていたのだという。だから、農作業だって、他人の農園で雇われ仕事としてやれば、ポイエーシスで、だめだということになる。

中世になっても、労働は尊《たっと》ばれず、勤労は美徳ではない。この時代のヨーロッパでは、哲学は神学の婢女《はしため》で、道徳、倫理のありかたも神から考えられた。これも友人の哲学者に聞いたところでは、その中世神学の最高の達成といわれるのがトマス・

アクィナスの神学なのだが、トマスの神学では、「共通善」と「効用善」が区別されていて、「共通善」というのが行為それ自体のうちに意義や目的を含んでいる行為から生まれるものであるのに対して、「効用善」というのは、別の目的のために役に立つだけの行為から生まれるものだとされているという。

そして、それ自体意義がある「共通善」を生む行為に対して、何かの役に立つだけの「効用善」を生む行為は一段低いものと見なされていたそうである。これは、古代ギリシアの「プラクシス」と「ポイエーシス」との区別と基本的に同じである。ここから考えれば、「勤労」というのは、「効用善」を生む行為でしかないから、貴《とうと》いものでもなければ、美徳でもなかったということになる。

ただし、中世ヨーロッパでは、古代ギリシアにおいて同じ力仕事でも「プラクシス」なら肯定されたのと同じように、行為の中身が今日の「労働」と同じものであっても、それが「共通善」を生むような性格の仕事なら、尊ばれ、美徳としてあつかわれたということに注意しておかなければならない。つまり、仕事それ自体がそのまま目的であり意義を内在させているような仕事なら、貴いものであり美徳であるとされたのである。

ともかく、このようにヨーロッパでは、古代においても中世においても、勤労に一所懸命になる「勤勉」という態度は美徳ではなかったのだ。

●いつから「勤勉＝美徳」になったのか

それでは、いつから勤勉は美徳になったのか。

「勤勉」に当たるフランス語は l'industrie《ランデュストリ》、英語は industry《インダストリー》だが、いずれも語源はラテン語の industria《インダストリア》である。そして、ラテン語 industria は、「勤勉」とともに「活動」「技能」という意味をもっていた。

そして、この「活動」「技能」という意味から派生して、フランス語 l'industrie も、英語 industry も、「営利のための生産活動」「工業」「工業的な産業」という意味でも使われるようになる。このような意味でも使われるようになったのは、ロベールの『フランス語辞典』によると l'industrie の場合は18世紀前半のことであり、OED（オックスフォード英語辞典）によると industry の場合は18世紀後半のことだという。

つまり、産業革命が「勤勉」を「産業」に変えていったのだ。産業革命によって、生産活動の中心がそれまでの農業から工業に移り、また労働のありかたが農地における自己労働から大工場における賃金労働へと変化していったのに応じて、「勤勉」が「産業」になったのだ。

「産業革命」は「勤勉革命」でもあったのだ。

それまでの農業社会では、農作業は、どんなに肉体的につらいものではあっても、自分で働き方を設定し、自分で統御しながらできる仕事であった。農奴であっても、小作であっても、基本的に雇われてやっていたわけではなく、雇用労働ではなく自己労働だったのだ。だから、一月いくら、一時間いくらで働くわけではなく、賃金労働ではなかったのだ。

それが、産業化とともに、工場における工業生産が主になると、雇用労働・賃金労働をおこなう工場労働者の働きが生産を支えることになる。そうすると、労働者は、工場に身も心も拘束されて、決められた時間に、決められたやりかたで、それぞれが部分的な仕事を担当し、組織的に働くことになる。そういうふうに働かないと賃金がもらえない。

この働き方は、働くという行為自体のうちに意義や目的を含んでいない。個々の労働者の労働は、生産という面から見れば、ある製品の製造という目的のごく部分的な手段にすぎないし、生活という面から見れば、賃金の獲得という目的の手段にすぎない。自分がやっていることがそういう手段であることに徹して、自分の統御ではなく全体の統制に服しておこなわなければならない。

それが農業社会とは異なる産業社会における労働のありかたなのだ。

そこで、こうしたものである労働を、生産組織の目的に貢献するもの、それを通して自分の能力を高めるもの、それによって労働者の生活を確保し向上させていくものなどとして独自に意義づけることが必要になる。それは、それ自体のうちに意義や目的を含んでない行為を、持続的に続けていくこと自体に価値を見つけていくことであり、それが「勤勉は美徳である」というかたちで表わされるようになっていったわけである。そのようにして、勤勉の労働倫理が確立されていった。

これが一般化したのは、産業化が進んだ18世紀になってからだったわけである。だから、そのころに「勤勉」ということばが「産業」という意味ももつようになったのだ。この変化が革命的に進展したのが、１７６０年代イギリスで始まったとされる産業革命であった。その意味で、「産業革命」(industrial revolution) は「勤勉革命」(industrious revolution) だったのである。

カジノ資本主義が壊した倫理

イギリスで勤勉の労働倫理がもっともよく人々をとらえたのは、サッチャーも理想としたヴィクトリア時代だったろう。この時代には、経済的に繁栄が頂点を迎え、政治的にも安定し、市民が産業社会のありかたによく適応していたと思われるからだ。

だから、「人生の奥義の九割は、快活さと勤勉にある」「他人に役に立つ仕事に打ちこみ、人間として義務を果たしていくことこそ、いちばん立派な生き方なのだ」と説くスマイルズ『自助論』の「勤勉のすすめ」が人々を惹《ひ》きつけたのであろう。

その後、産業社会は、恐慌や戦争や革命といった大きな試練を経て、変容しながら存続してきた。その間を通じて、勤勉の労働倫理もさまざまな動揺に見舞われたが、それでも維持されてきたのは、なんといっても、経済成長とそれにともなう生活向上が基本的に維持されてきたことが大きかったといえよう。いろいろといやなことやつらいことがあっても、我慢してまじめにせっせと働いていれば、暮らし向きがよくなっていく。そのことが「勤勉は美徳だ」という意識を崩壊させなかったのだろう。ところが、20世紀の末から21世紀の初めにかけて、どうもそうはいかなくなってきたようなのだ。

資本と労働のグローバル化に続いて金融のグローバル化が起こった。それにともなって、世界資本主義は「カジノ資本主義」と化したのだ。ＩＴ技術をフル活用した国際金融市場・金融取引ネットワークの形成によって、金融資本が、もっとも有利な条件を求めて世界中を迅速に移動し、それによって莫大な投機利益をあげる。その一方で、やりそこなった投資機関や銀行が莫大な損益を計上してつぶれる。それによって、国民経済も深刻な影響を受ける。金融立国路線を採って流動するマネーを取り込み、ヨーロッパ最貧国から世界富裕国の仲間入りをしたアイスランドは、２００８年のリーマン・ショックで一転して国家破産状態に追い込まれた。

まさしくカジノ資本主義である。

カジノ資本主義とは、言い換えれば賭博経済である。賭博というのは、どんなものでも、ほんのひとにぎりの人間が大儲けして、大半の人間が損をするようにできている。そういうシステムなのだ。賭博経済もそうである。

であるならば、そこで必要とされるのは、勤勉ではなく才覚である。忍耐力ではなく敏捷《びんしょう》性である。蓄積ではなくて投機である。だから、才覚があって、敏捷で、投機に長《た》けた少数の人間が大儲けして、その分、勤勉で、忍耐力があって、こつこつと努力する人間が割を食う。

これでは、勤勉倫理が崩れていくのは当たり前である。

●「流した汗が報われる社会」の幻

われわれが少年から青年になっていった1950年代半ばから60年代初めにかけて、こんな歌がよく歌われていた。

しあわせはおいらの願い　仕事はとっても苦しいが
流れる汗に未来を込めて　明るい社会を作ること
　みんなと歌おう　しあわせの歌を
　ひびくこだまを　追って行こう

しあわせはわたしの願い　あまい思いや夢でなく
今の今をより美しく　つらぬき通して生きること
　みんなと歌おう　しあわせの歌を
　ひびくこだまを　追って行こう

「しあわせの歌」という。いまでは気恥ずかしくてとても歌えないような歌詞だが、そのころは、多くの若者が歌っていた。

この歌は、１９５５年、電気産業労働組合が公募した組合歌入選曲で、もともと労働組合の歌だったのだ。しかしすぐに、その枠を越えて歌われるようになり、二大芸能雑誌『平凡』『明星』でも紹介され、フランキー堺《さかい》・左幸子《ひだりさちこ》主演で映画『倖《しあわ》せは俺等《おいら》のねがい』（1957年・宇野重吉《うのじゅうきち》監督）までつくられた。そういうふうに広く歌われていたのだ。だから、この歌は、たとえば、中小企業の社員旅行でバスのなかで合唱されたりしていたのだった。彼らは、けっして気恥ずかしくなることなく、心をこめて、歌っていたのだった。

また、ここに現われている「勤勉は美徳である」という倫理観は、「労働は神聖である」という観念によって裏打ちされていた。その神聖な労働に携《たずさ》わっている労働者こそが、この美徳を発揮して新しい社会をつくるのだ、という労働者倫理をそこにうかがうことができる。それは、逆にいえば「働かざる者食うべからず」という倫理でもあった。労働者の自助は、根本的にはそこに根ざしていた。

「仕事はとっても苦しいが、流れる汗に未来を込めて、明るい社会をつくる」――これは、若い労働者の多くにとって、ほんとうに共通した思いだったのだ。このころの時代の雰囲気を知らない人たちに理解してもらうのはむずかしいが、この願いはリアルなものとして、人々の胸に響いていたのである。

だから、当時の二大政党、保守の自民党、革新の社会党は、こもごもに「流した汗が報われる社会」を選挙のときに訴えたものだった。自民党は経済成長によって、社会党は労働者の権利拡大によって、とそれぞれ違う方法でそれを実現しようとしていたのだが、そのもとには同一の願いが広く存在していた。それが、一方で資本主義社会市民の願いとしてとらえられ、他方では勤労者人民の願いとしてとらえられ、保守・革新の対立点となっていたのだ。

だが、高度経済成長が終わり、日本列島改造計画の時代が終わり、バブル経済がはじけたあたりから、「流した汗が報われる社会」の夢は遠のいていった。そして、いまや、この標語は、白々しくうつろに響くものでしかなくなってしまった。

2010年7月の参議院選挙では、社民党候補などが「流した汗が報われる社会」をいい、自民党の小泉進次郎《こいずみしんじろう》が「自民党の目的は与党になることではなく、努力が報われる社会を作ること」と演説したという報道があったから、いまだに惰性でいっている政治家もいるようだが、このキャッチフレーズのリアリティがすっかり薄れていることは確かだ。

もはや流した汗が報われる社会はできないのではないか。できないだろうとみんなが感ずるようになってきている。

●「あきらめ感」という空気

自己啓発がブームとなり、世の善男善女が健気《けなげ》な（無駄な）努力をする一方で、いま日本を覆《おお》うひとつの空気がある。あるいは、自己啓発が生み出す負の結果なのかもしれない。それは「あきらめ感」である。

いまの日本はバブル崩壊以後、もう20年も不況に喘《あえ》いでおり、２００８年のリーマン・ショックと急激な円高が不況に追い討ちをかけている。失業者は激増し、反対に雇用は激減し、デフレスパイラルはとどまるところを知らない。また最近ではＴＰＰへの参加が、さらなる不況をこの国にもたらすのではないかと懸念されている。

先にのべた「自己啓発ブーム」というのは、この構造的不況がもたらす不安感とリンクする形で台頭してきた。この不況下で、誰もがリストラの恐怖に怯《おび》えている。自殺者は13年連続で年間３万人を超えており、死因不明の変死者も含めると、その数は

10万人を超えるという。生きていることすら難しい時代になったのだ。自殺はもはや他人事ではないのだ。

「このような時代を乗り切るにはどうすればよいか。自助努力するしかない。よし、スキルアップしよう。資格を取ろう。英語を身に付けよう」

こう考えるのも無理はない。しかしそうやって自助努力したところで、いったいどれだけの人が目標を達成できただろうか。成功例がはたしてどれだけあるのか疑問である。

いくら努力しても向上できない、ふがいない自分がここにいる。結局、努力しても報われないこと。どんなに滅私奉公して会社に尽くしても、切られる時は簡単に切られてしまうこと——こういった事実が、いまの日本人の心に「あきらめ感」を生み、蔓延《まんえん》しているように思える。努力しないのではない。努力できないのだ。最後には努力するチャンスすら奪われるのである。

このようなあきらめ感、無力感といったものが、政治的アパシー（apathy 無気力、無感動）となって現われているのも事実である。大阪から広がった橋下徹《はしもととおる》の絶大な人気などはその典型であろう。もともと「おもろそうな奴」を好む関西人気質はあるにせよ、「給料を50％カットする」だの、「いまの日本に必要なのは独裁」などという人間を当選させてしまうのは、やはり政治的アパシー、いやシニシズム（cynicism冷笑的な態度）に陥《おちい》っているとしか考えられない。

山口二郎《やまぐちじろう》は著書『ポピュリズムへの反撃』（角川書店）でこのようにのべている。

「民衆の政治的熱狂が政治過程に怒濤のように流れ込み、指導者がそれに乗って改革を断行する。一見極めてダイナミックな民主政治のように見えます。しかし、ドイツ民話のハーメルンの笛吹きに出てくるネズミの群れのように人々は時として危険な政治家、自殺的な政策に熱狂することがあります」

山口は小泉純一郎を念頭に置いてのべているのであるが、これはそのまま橋下にも当てはまるのではないか。人は時として「ぶっ壊す！」だの「独裁」だのという言葉を吐く政治家に期待を寄せてしまうものである。また、メディアも完全に橋下寄りであった。結局、彼を多く取り上げたメディアが、橋下に有利な世論を形成してしまったのである。

とはいっても、やはり「危険な政治家の唱える自殺的な政策」に票を投じてしまうのは、根底にいまの日本の閉塞状況に対する絶望感と、あきらめ感があるからに他ならない。また、あえてシニシズムといわせてもらったのは、大阪府民は心の底では「改革など断行できまい」と思っているふしがあったからである。実際のところ、橋下の政治的理屈に賛成している人は、そう多くはないのである。

●バブルを知らない世代は、いかに「あきらめた」のか

世代別に「あきらめ感」を見てみよう。まず「ポスト・バブル世代」はどうか。彼らは定義の仕方によって「団塊ジュニア」「Y世代」「ポスト団塊ジュニア」など、さまざまに呼ばれるが、私はポスト・バブル世代とは、年代的にちょうど団塊ジュニアが該当すると思う。1945年〜1950年に生まれた親（団塊の世代）を持ち、だいたい1975年を境に前後2年間ぐらいに生まれた者たちである。

もはや若者ではないが、かといって20代の頃にバブル景気を享受《きょうじゅ》できた世代でもない。就職氷河期に当たり、今でも非正規雇用者が多い世代でもある。彼らの間に蔓

延する「あきらめ感」は、長引く不況と就職難、不安定な雇用によってもたらされること以外に。もうひとつ重要な要素があると思う。

ポスト・バブル世代の女たちは化粧品を買わないそうである。理由は「意味がない」からだそうだ。自分をきれいに見せようとしないというのは、異性への伝統的な感覚に変化があったことになる。それを示す記事を紹介してみよう。

最近の調査で、街行く若者たちの過半数以上に「彼氏・彼女」がいないことが分かったのだ。「交際相手がいない」がどんどん増えている。

2011年11月25日、国立社会保障・人口問題研究所が発表した「出生動向基本調査（独身者調査）」では、異性の交際相手がいない18～34歳の未婚者が男性で61・4％、女性では49・5％に上り、いずれも過去最高になった（10年6月実施）。前回の2005年調査と比べると、「交際相手がいない」割合は、男性では9・2％、女性で4・8％増加している。（2011年11月26日付J-CASTニュース）

なぜ彼らは恋愛に積極的にならなくなったのか。ひとつには、彼らの性に対する意識があるのではないかと思われる。

彼・彼女たちは好景気を知らない。ちょうどアルバイトをする年代になった頃、日本はバブル崩壊後の不況に喘《あえ》いでいた。アルバイトをしたくても仕事がない。あっても時給は雀《すずめ》の涙だ。そんな時、自分の体だけは高く売れることに気づいたのがこの世代だ。自分が使ったブルマーやセーラー服が、果ては下着までもが驚くほど高い値でよく売れる。さらに進んでは、金持ちのオヤジと援助交際すれば多額のお小遣いがもらえる。それまでは道徳観が歯止めをかけるようなことも、バブル時代の何でもあり風潮によって雲散霧消してしまった。

加えて1980年代後半から爆発的に普及したアダルトビデオの影響によって「金のために誰とでもセックスする」ということに、さしたる抵抗がなくなったのがこの世代の特徴である。そしてブランド品信仰が若年層まで浸透したのもこの頃だった。少女たちはブランド品を買うために体を売る。こういったことが、驚くべきことではあるが女子高生の間で公然とおこなわれるようになったのである。ちなみに社会学者の宮台真司《みやだいしんじ》は彼女たちを「不良でもなんでもない普通の娘」と評していた。

とにもかくにも、金のために体を売ることに罪悪感がなくなった時代に恋愛が成立し得るであろうか。私見ではあるが、この頃から高校生世代の男女が仲睦まじく肩を並べて歩く光景をあまり見なくなった気がする。恋よりも金。花より団子。徹底したリアリズムが女子高校生の間に浸透していったのである。10代後半にこういった風潮にどっぷりと浸《つ》かった男女が、長じて恋愛対象になり得るだろうか。

ポスト・バブル世代に蔓延する「あきらめ感」は、不況と、それがもたらした性道徳の崩壊と恋愛に対する無関心が一因となっているように思われる。極端な例だといわれるかもしれない。しかし、やはりこの世代に大きな影を落としているのは間違いないと思う。余談だが、いま、この世代が長じて〝モンスター・ペアレント〟化しているらしい。

●全共闘世代にも「あきらめ感」が漂《ただよ》っている

ポスト・バブル世代と比較対照する意味で、「68年世代」にとってのあきらめ感とは何かを考える。「68（年）世代」とは、１９６８年当時に大学生だった者たちを指すのだが、この世代はブルセラ・援交世代の親たちに当たるだろう。つまり私たちのことである。

68年世代の特徴は、とにかく社会を変えようとしたことだ。やったことはどうであれ、高邁《こうまい》な理想に向かって社会を変革させようとしたのは事実である。しかしながら社会は変わらなかった。そして世論を形成しているのは、声をあげる者ではなく、何も言わない者たち、すなわち「サイレント・マジョリティ」であることを思い知らされた世代である。

しかしその後、彼らの喪失感は、日本のバブル経済でペイ・オフされる（引き合う）ことになる。かつての社会変革の闘士たちは、闘争から20年後、徹底的に金を追い求めるマネー・リアリズムへと突き進んだ。この姿は変革どころか、徹底的で積極的な現状肯定であった。

１９７０年代〜80年代の日本の高度経済成長を支え、その突撃隊となった68年世代の「あきらめ感」は、私には比較的わかりやすい。その点について私は、先輩にあたる辻井喬《つじいたかし》との対談のなかで次のように表わしている。

80年代に私の会社が倒産して債務整理をすることになったんですが、そこで金の流れを中心として、世の中の構造がだいたいわかりましたね。うまくいってるときはわからない。それくらいにしか考えていないんです。倒産して社会のしくみがはじめてわかる。

その後、バブル期に入っていくんですが、実は私がバブルにのめり込んでいくときも、共産党員だったときの思考方法がより過激なかたちであらわれたんです。つまり、バブルの資本主義的なお金の流れというのは、旧来の資本主義を壊すのではないかと僕は思ったんです。

それこそが、資本主義を打ち倒すもっとも手っ取り早い方法なのではないかと思ったんですね。自分たちがいくら運動をやっても壊れなかった資本主義が、莫大な金をぶちこんだら壊れるのではないか。そう思うと快感でした。

それまでこの国では「人の心は金で買えない」という理屈があって、私もそう思っていたし、共産党は常にそのことを強調していたけれども、金に跪《ひざまず》く人が多いんだということがわかったのがバブルの時期です。「自分だけは躓《つまず》かないでやる」と思いながらバブルにのめり込んでいった。自分が社会の矛盾の先端にいるということをもっとも感じたのもあの時期ですね。

以上が偽らざる私の体験と思いである。

いずれにせよ、ポスト・バブル世代と68年世代、いまの日本の多数を占める世代が性格の違いこそあれ、同じように「あきらめ感」に支配されているのだ。

ただし、これもあながち悪いことばかりではあるまい。あきらめ感といえば消極的なイメージがあるが、これを「諦念《ていねん》」としてはどうだろうか。リスク回避願望による精神的負荷は大きいかもしれないが、しかし大失敗することもない。恋愛にしてもしかりで、成就できないならば初めからあきらめてしまおうというのも、ひとつの選択肢ではある。キャバクラやメイド喫茶が流行る理由かもしれない。

そしてある意味で、不況は人を賢明にするだろう。生きんとする意志を徹底的に肯定すれば、それはあのバブルの狂乱になる。生きんとする意志を否定することはできまいが、しかし、節度をもってコントロールしながら生きていくことは可能ではないか。資格取得や英会話習得に無駄な金と努力をつぎ込まなくてもいい。いまある自分をそのまま受け入れ生きていくことはできないであろうか。「報われなくてもいい」という生き方である。この先、この国は悪くなることはあっても、よくはならないだろう。ならば、「あきらめる」のもひとつの手である。

●「さらば！　スキルアップ教」への共感

ところで、ビジネス誌『週刊東洋経済』が「さらば！　スキルアップ教」という特集を組んで評判を呼んだそうだ（２０１１年11月26日号）。瀧本哲史《たきもとてつふみ》（京都大学客員准教授）、東浩紀《あずまひろき》（思想家）、成毛眞《なるけまこと》（元マイクロソフト日本法人社長）、ウィリアム・デレズヴィッツ（文芸評論家）らを誌面に登場させ、「成功したければスキルアップ」のごとき日本社会の風潮にアンチを投げかけた。

特集の冒頭部分では次のように書かれている。

なぜスキルだけではダメなのか。スキルは誰にでもまねやすく、すぐに陳腐化するからだ。国内でも競争は激しいが、世界には、英語、ＩＴ、会計［1章でのべた『スキル三種の神器』のこと］の知識を備えたインド人、中国人はゴマンといる。

では、スキルより大事なことは何か。瀧本［哲史］氏の答えは「教養」だ。

特集のサブタイトルは「教養こそ力なり」で、記事では「教養人になるための」必読書として170冊を紹介している。教養が「力」なのかどうかという議論はともかくとして、私が注目したのは、こうした特集記事が組まれ、それに対し世間から少なからぬ反響があったことだ。これは自己啓発ブームへの揺り戻しがきたことを象徴しているのではないか。

1章でのべた現代の自己啓発ブームは、日本人に――特に若い世代に――「がんばれば成功できる」「努力すれば夢はかなう」という錯覚的な意識を植えつけた。ところが、どんなにがんばっても成功しないことに、いまになって気づきはじめたのではないだろうか。しょせん夢は夢であり、目が覚めたら消えてなくなるのだ。

さっき「流した汗が報われる社会はできないだろうな、とみんな感じている」と書いた。

●勤勉の時代は終わった

実際、多くの日本人が「勤勉の時代は終わった」と感じているようなのだ。

讀賣新聞が2008年におこなった調査によると、「日本人の勤勉さ」について、これからも続くと思う人は35%にとどまり、そうは思わない人が61%に上っていた。1984年におこなわれた同じ調査では、続くと思う人が59%、思わない人が33%だったので、この四半世紀で比率がほぼ逆転したことになる。

しかし、その一方で、同じ調査で「一生懸命に働くことは美徳だ」という考え方への賛否を聞いたところ、「そう思う」が71%を占め、「そうは思わない」の25%を大きく上回っている。ということは、多くの日本人は、現実には勤勉でありつづけることはできないだろうが、理想としては勤勉が美徳でありつづけるべきだと考えているということになる。

実際、「スローライフ」「ロハス」なる、カッコはいいが、要するに反勤勉のライフスタイルがもてはやされ、「草食男子」が流行語になり、「若者の欲望喪失」が取り沙汰される昨今、多くの人たちが勤勉の時代は終わったと感じているのは確かであろう。欲望を次々に昂進させながら自己を拡張していくような生き方には、もはや若者は「のれなくなっている」のだ。

問題は、それなのに、「勤勉は美徳だ」という意識を捨てられないところにある。それは「勤労は貴いものだ」「労働は神聖である」という意識を捨てられないこととつながっている。そして、そうした意識を捨てられないのは、近代の夢を捨てられないからなのだ。またいつか成長社会がもどってくるのではないか、こつこつ努力していればいつかいいことがあるのではないか、そして、いつの日にか流した汗が報われる社会ができるのではないかという期待を捨てきれないのだ。

だが、もうそんなことはないのだ。われわれは、これから、成長なき時代、勤勉が成功を呼ぶことがない時代を生きなければならないのだ。そうはっきりと知るべきである。

そして、そういう時代を生き抜いていくためには、まず、みずからでみずからを助けようとする自助精神が必要なのである。

だが、その必要な自助精神とは、現代日本の『自助論』礼賛者たちがいうような自助の精神ではない。竹中平蔵たちがいう「カネ儲けのための自助」、勝間和代たちがいう「成功のための自助」ではない。

それでは、スマイルズ『自助論』がいう自助なのか。そうでもないのである。

●スマイルズ『自助論』の限界

スマイルズが『自助論』でいっている自助は、2章で見たように、竹中平蔵や勝間和代たちがいう自助とはずいぶんと違う内容と精神をもったものだ。スマイルズは「自助は成功のためではない」「自助とは人格をつくることである」とはっきりといっている。そこから学ぶべきことは多い。だが、いま、スマイルズの時代とは多くの点で根本的に異なった特徴をもつことになった時代においては、通用しないところが出てきているのだ。

すでに見たように、スマイルズは自助の核心に「勤勉」の価値をおいていた。

そして、「身辺に何一つ不自由なく寝食にも困らないような暮らしより、必要に迫られて一生懸命働き、質素な生活を送るほうがむしろ好ましい」というのである。自由にふるまえる状態よりも、「必要」に強制されている状態のほうがいいというのだ。

また、「怠け者は悪魔が頭を横たえる枕となってしまう。忙しく活動しているのは他人に空き家を貸しているのと同じで、逆にブラブラ怠けているのは空き家をカラッポにしておくようなものだ。空き家になった精神には、妄想の扉が開くにつれて誘惑が忍び寄り、邪悪な考えが群れをなして入りこんでくる」という。いつも、それがなんであれ、ある「目的」のためにやるべきことで頭と心をいっぱいにしておかなければならない、さもないと邪悪な方向に流れていってしまうというのだ。

これがスマイルズのいう「勤勉」なのだ。

ここでいわれていることをまとめてみると、いまおこなっている行為そのもののなかに魅力や意義を見いだそうとするのではなくて、その行為そのものからは離れた

「必要」に従属し、その行為そのものとは別の「目的」に奉仕することに魅力と意義を見いだすべきだ、というのが、スマイルズの「勤勉」の哲学なのである。

だから、スマイルズは「将来の利益のために現在の満足を犠牲にする」精神こそが必要だといっている。逆にいうと、「苦労もしないで手に入れたものには価値がない」ということになる。スマイルズは「自助は成功のためではない」といったが、それは、自助でやっている活動そのもののなかに意義を見いだそうとするのではなくて、「必要」に従属し「目的」に奉仕する姿勢に徹しなさいということなのだ。

こうした倫理は、先に見たように、産業社会を成り立たせるために必要な精神態度だった。苦しい仕事に耐えて、見ず知らずの人たちに役立つ製品を作り出していく、そういう働く姿勢自体が貴いというわけであった。そういうなかで、「仕事はとっても苦しいが、流れる汗に未来を込めて、明るい社会を作る」ことが近代の労働者を支えた希望だった。

だが、産業社会がゆきづまり、脱産業化が進まざるをえないいまの状況のなかで、それでは通用しなくなっているのである。だから、そういうものになってしまっている倫理を核心においているスマイルズ『自助論』がいう自助は、かつての状況のなかではもとめられるべきものをもっていたが、いまもとめられている自助ではない、といわなければならない。

●セルフヘルプを超えて

それでは、「勤勉な自助」に代わるべき自助とはどういう自助か。

勤勉な活動とは、それ自体のうちに意義や目的を含まず、何かに役立てるためにおこなう活動であった。仕事に勤勉であるとは、その仕事自体に喜びや満足を見いださないままに、その仕事を一所懸命やることであった。それは何かに奉仕する活動であり、奉仕していること自体に喜びや満足を見いだすのである。

それに対して、それ自体のうちに意義や目的があり、それ自体のためにおこなう活動がある。これは勤勉な活動に対して、それ自体のうちで充足している活動だから、自足する活動ということができるだろう。「自足」というと「自己満足」という悪い意味にとらえられがちだが、仕事に自足しているということは、その仕事そのものにおもしろさや楽しさを感じながらやっているということである。奉仕する活動ではなくて自発する活動なのである。

勤勉倫理では、労働と遊びがはっきり区別される。いまいった自足する活動、自発する活動は、労働ではなくて余暇におこなわれる活動である。それを労働に持ちこんではならないというのが勤勉倫理である。つらく苦しい労働に勤しんだあとだからこそ、余暇の気晴らしがおもしろく楽しいものになるのだ。

それに対して、自足倫理では、労働と遊びは区別されない。ふたつの活動は、もちろん、それぞれ違うものだけれど、それぞれのつらさ、苦しさをもち、それぞれのおもしろさ、楽しさをもっているという点では同じなのである。つらく苦しい労働にもおもしろさ、楽しさがあり、おもしろく楽しい遊びにもつらさ、苦しさはあるのだ。

これからの社会では、労働と遊びとの間に、こうしたかたちでの区別がなくなり、「楽しく働き、まじめに遊ぶ」ことが追求されるようになっていくことだろう。実際にそこまでゆくのは簡単ではないだろうが、方向性としてはそちらを向いている。そして、そのとき、自助のありかたは「勤勉な自助」から「自発する自助」へと変わっていくにちがいない。それは、スマイルズが定式化した近代的自助、近代精神にもとづいた自助精神を超えてゆくものになる。

そうすると、スマイルズの『自助論』から学ぶところはもうなくなるのかというと、そうでもないのだ。

スマイルズが定式としてのべた自助精神は、まさしく近代的なものだったのだが、その自助精神を描き出すために彼が例示として物語った「立志の人」の行動には、近代自助精神を超え出るものが含まれており、それがよく描き出される結果になっているのである。

というのは、前にものべたように、スマイルズが採り上げた「立志の人」のなかには、科学者と芸術家が非常に多いのだが、そうした科学者・芸術家の活動には、これまで見てきたような意味での「労働」「勤労」を超え出るものが含まれているのだ。

単純化していえば、企業活動において追求されるのは利潤だが、利潤は人間にとってそれ自体が目的ではなく、何かの目的のための手段にすぎない。そういう活動において、その手段そのものに目的や意義を見いだそうとすると、利潤が自己目的化された企業活動になってしまうというように、おかしなことになってしまう。

ところが、それに対して、科学は真理を探求し、芸術は美を追究する。真理も美も、それを探求し追究する科学者、芸術家にとっては、何かのための真理、何かのための美ではなく、それ自体の内に目的や意義を含むものである。したがって、科学の仕事、芸術の仕事は、自発し自足することができる活動なのだ。

私が『自助論』の全訳である『西国立志編』のなかでいちばんおもしろかったと感じた産業革命期の科学者・技術者の発明物語には、その自発と自足の様がよく表わされている。その意味において、近代的自助論の典型であるスマイルズ『自助論』には、近代的自助を超え出るものが含まれているのである。

●「自分のため」と「他人のため」は両立する

私はここで、「自助」には二つあるということを指摘しておきたい。

新自由主義《ネオリベラリズム》エリートのように、人間相互の関係をもっぱら競争関係でとらえてしまう人間は、非常事態において、「おまえが得をすれば、おれが損をする」「あんたが取れば、私は失う」という根性が丸出しになってしまい、自分で自分を守ることだけを考え、他人を押しのける行動に走りやすい。

そこに現われるのは、「利己的自助」である。

一人一人が結びつきあい、力を合わせようとしているところで、みずからが事に当たろうとするとき、それはしばしば、むしろ利己的行動を抑えることになる。

東日本大震災のときもそうであったが、他人を助けるために自分が犠牲になることもいとわない利他的行動や自己犠牲的行動が多く見られた。

だから、そこに現われるのは、「利他的自助」である、といいたくなるところだが、そうではないのではないか。

そこで前提になっているのは、その場にいる全員が同じ状況に直面して、その点において一人一人が結びつきあい、力を合わせようとしているということである。「利己的自助」に走るケースでは、その人にとって、これが前提になっていない。

「自助」というのは、自分がおかれた状況を、「みずから打開しなければだれも打開してくれない」ものとして認識し、その状況の打開にみずから立ち向かっていくことである。ただ、そのとき、その場にいる全員が同じ状況に直面して、同じ自助の構えをもっているとするなら、そこには自助が他助になり、他助が自助になる関係が成り立つのである。これが「自助」の「連帯」である。単なる他助は「慈善」だが、自助でもある他助は「慈善」ではなく「連帯」なのだ。

そうした関係が成り立っているところにおいては、他人を助けるのは自分のためでもあるのだ。そこでは、他人を助けようとする者のみを他人は助けてくれるからだ。そこでは、自分だけを助けようとする者を、他人は助けてくれないのだ。そこは協同なくして自律はない場所なのだ。同時に、そこは自律しようとすれば協同が生まれる場所なのだ。

他人のためにすることが自分のためにもなるという関係がおたがいに成り立っているような社会的関係がそこにはある。そして、そのような社会的関係のもとでは、「自分のため」＝利己と「他人のため」＝利他とが、対立しあわずに両立する。その関係は、むずかしくいえば「相互主義《ミューチャリズム》」、ひらたくいえば「お互い様」である。相互主義は利己主義に対立し、「お互い様」は「自分勝手」に対立する。

だから、この「お互い様」＝「相互主義」に立った自助を、「自分勝手」＝「利己主義」に立った「利己的自助」に対していうとき、「利他的自助」ではなく「相互的自助」というべきだと思うのである。

●人間関係にとっての二つの軸

これと同じ関係を、別の面から、別の概念で説明したのが、京大教授・藤井聡《ふじいさとし》のいう「互恵不能原理」「暴露原理」「集団淘汰原理」である。

土木計画および公共政策のための心理学が専門だという藤井聡は、『なぜ正直者は得をするのか――「損」と「得」のジレンマ』（幻冬舎新書）で、この原理を次のように説いている（わかりやすくするために、いささか単純化するので、正確なところは、実際に藤井の本を読んで確認してほしい）。

藤井は、人間関係を「関係軸」と「時間軸」で分類する。

「関係軸」においては、個々人が関わる相手が自分→家族→友人→知人→他人の順で、だんだん自分とは疎遠になる。「時間軸」においては、個々人が関わる対象が今

↓二、三日先↓自分の将来↓社会の未来の順でだんだん自分とは疎遠になる。

利己的な人は、極端にいえば、「自分のこと」と「今のこと」しか関心がない。それに対して、利他的な人は、「自分のこと」や「今のこと」ばかりでなく、「他人のこと」や「社会の未来」にまで関心をもっている。利己的な人は、自分の今の損得ばかりを考えて行動するので、短期的には得をすることが多いが、長期的に見るとかならず損をする、というのが藤井の結論で、それを導き出しているのが、先にあげた三つの原理である。

「互恵不能原理」とは、「利己主義者は、他者と助け合うことができない」ということである。

「暴露原理」とは、「利己主義者は、いかに取り繕っても、利己主義者であることが『ばれて』しまい、自滅する」ということである。

「集団淘汰原理」とは、「利己主義者に支配された集団は、集団ごと自滅してしまう」ということである。

これら三つの過程を経て、最終的には、利己主義者は、「互恵原理」で成り立っている人間の社会から弾《はじ》き出され、また利己主義者に支配された集団も自滅してしまい、他人を助けようとする人間と、相互扶助集団が、得をする——というのが藤井の結論なのである。

「利己主義者は、〝お互い様〟で成り立っている人間社会で、最終的に村八分にされます。よいパートナーに恵まれたり支援を受けたりする幸運にも恵まれないため、結局は正直者より損をします」と藤井はいっている。

ここで重要なのは、人間社会は本来「互恵社会」だ、という前提である。だけど、人間の社会は、そういうふうにはなっていないよ、というのがおおかたの感想だろう。「お互い様」で成り立っていればいいけれど、そうはなっていない。むしろ、「おまえが得をすれば、おれが損をする」「あんたが取れば、私は失う」という「互恵不能」のほうが原理になっているんじゃないか。そう思う人が多いだろう。

だが、その一方で、たとえば、前に見た南三陸町馬場中山地区などでは、その小社会、部分社会においては、「互恵原理」がしっかり成り立っており、したがって、そこでは藤井がいうような「正直者が得をし、人助けが我が身を助ける」ことが実現していたのである。

では、このふたつの事実をどう見るか。全体社会は「互恵不能社会」なのではないかと思わせる事実と、部分社会においては「互恵社会」がちゃんと成り立っているという事実。そのどちらを取るのか、ということである。

「公認の社会」と「真実の社会」

元コミュニストでアナキズム復権を唱える大窪一志は、『アナキズムの再生』（モナド新書）で、アナキズムの父といわれるプルードンの所説にもとづきながら、「公認の社会」とは区別される「真実の社会」が、いま・ここに実在することを論じている。

〈われわれの目に見えている人々のつながりの世界は、公によって公式に「社会だとされているもの」にすぎないのであって、それは社会ではない。その証拠に、公による枠組みが崩れてしまったとき、この「社会」は姿を消してしまうからだ。

そのとき、それまでわれわれの目にはよく見えなくなっていた人々のつながりの世界が、姿を現すが、それは、実は、それまでもずっと、目に見えている人々のつながりの世界の底に、隠されたかたちで、非公式に生きて働いていたものなのだ。〉

と大窪はいう。

そして、この「公認の社会」が、基本的に互恵不能原理に支配されてしまっている全体社会に、「真実の社会」が、互恵原理が生きて働いている部分社会に対応しているのである。

公認の社会—顕われた社会—公式社会—うわべの社会—互恵不能（競争）原理—全体社会

真実の社会—隠された社会—非公式社会—底にある社会—互恵（相互扶助）原理—部分社会

というわけだ。さらにいうなら、「公認の社会」が国家なしには成立できず、国家なしには維持できない社会であるのに対し、「真実の社会」は国家ができる前からあり、国家がなくなっても残る社会なのである。

ここで大事なのは、この「真実の社会」は、「公認の社会」が崩れたときに初めて成立するのではなくて、その前にもあったけれど目に見えなかったのが見えるように姿を現わしてきたのだ、という点である。

確かに、たとえば、南三陸町馬場中山地区は、村落の生活の底に伝統的共同体における共同関係を自然に保ってきたからこそ、震災時に相互扶助による自助復興に取り組めたのである。リーダーも、伝統的共同体の寄合を統《す》べる存在だった人たちがそのまま担っている。

われわれの日常生活を考えてみても、すべてが商品化されていて市場を通じて売り買いの関係で結びつき、競争しあう仕組みのなかにありながらも、部分社会はかならずしもそれによって動いているのではないことがわかる。だって、それじゃ、家族という部分社会のなかで、風邪を引いた妻を看病してやったからといって看護料を取るか？　子供に勉強を教えてやったからといって授業料を取るか？　職場の仲間集団という部分社会のなかで、仕事の相談にのってやったからといって相談料を取るか？　欠勤中の仕事をカヴァーしてくれた同僚にカネを支払うか？　友人に本を貸したらレンタル料を取るか？……すべて、お互い様であって、助け合いとしておこなわれているのではないのか。

このような「お互い様」の「助け合い」で成り立っている人々のつながりが、地域社会にも、生産者社会にも、市場においてすら、どこでも、いつでも底にはあるのだ。そして、それがなければ、つまりそこでの「お互い様」の「助け合い」が働いていなければ、公式に顕われたうわべの社会である公認の社会も、うまくまわっていかないし、維持できなくなっていってしまうのである。

われわれは、この「真実の社会」をこそ見なければならないし、いまの世界のなかに見つけ出していかなければならない。そして、その「真実の社会」から見たとき、「正直者が得をし、人助けが我が身を助ける」のだということがわかるし、自助は相互的なものであってはじめて自助でありうるということもわかるのである。

●セルフヘルプが成り立つ社会とは何か

このように見てくると、この「自助の相互性」という点でも、スマイルズ『自助論』の限界が明らかになってくる。

スマイルズは確かに「自助は利己ではない」「自助は相互扶助と両立する」と主張していた。利己的自助をしりぞけ、相互的自助に理解を示している。この点では、今日の『自助論』礼賛者とは異なっている。

しかし、スマイルズには、個人が個人として自助を追求していけば、「自由な交換の場」としての市民社会がそのまま協同を含んだ自助社会になりうる、という古典的自由主義の考え方が強かった。だから、個人的自助に相互扶助をセットする「自助と相互扶助は表裏一体」というような考え方については、それによって「自由な交換」が阻害され、古い共同体が温存されるとして、かならずしも賛成していないようだ。

近代が若くて健康だったスマイルズの時代には、古い権威主義的慣習と闘うためにも、このようなとらえかたはむりからぬことだったろう。けれど、いまは、市民社会が――スマイルズのいうようなかたちでは――そのまま協同を含んだ自助社会にはならないことがはっきりした。そして、そうはならないことを前提にして、「新しく」出てきた「自由主義」である新自由主義《ネオリベラリズム》は、スマイルズが自助社会をいいながらも暗黙のうちにもとめていた協同社会そのものを否定し、したがって、「自助は利己ではない」「自助は相互扶助と両立する」ということを否定するものになっているのである。

この新自由主義《ネオリベラリズム》自助論を打破するためには、それがスマイルズの古典的自由主義と本質的に異なるものであることを明らかにするとともに、スマイルズの近代的自助論がもっていた限界——「個人的自助」と「自由な交換」がセットになればいいという考え方の限界——をものりこえなければならないのだ。

自助が成り立つ社会とは利己社会ではない。自助が成り立つ社会は、個人個人の自助が相互的に働いて相互扶助が成り立つ社会なのである。

切りとり線

★読者のみなさまにお願い

この本をお読みになって、どんな感想をお持ちでしょうか。祥伝社のホームページから書評をお送りいただけたら、ありがたく存じます。今後の企画の参考にさせていただきます。また、次ページの原稿用紙を切り取り、左記まで郵送していただいても結構です。

お寄せいただいた書評は、ご了解のうえ新聞・雑誌などを通じて紹介させていただくこともあります。採用の場合は、特製図書カードを差しあげます。

なお、ご記入いただいたお名前、ご住所、ご連絡先等は、書評紹介の事前了解、謝礼のお届け以外の目的で利用することはありません。また、それらの情報を6カ月を超えて保管することもありません。

〒101−8701（お手紙は郵便番号だけで届きます）
祥伝社新書編集部
電話03（3265）2310
祥伝社ホームページ　http://www.shodensha.co.jp/bookreview/

★本書の購買動機（新聞名か雑誌名、あるいは○をつけてください）

＿＿＿＿新聞の広告を見て	＿＿＿＿誌の広告を見て	＿＿＿＿新聞の書評を見て	＿＿＿＿誌の書評を見て	書店で見かけて	知人のすすめで

★100字書評……「自己啓発病」社会

名前

住所

年齢

職業

宮崎　学　みやざき・まなぶ

1945年、京都府生まれ。早稲田大学中退。父は伏見のヤクザ、寺村組組長。早大在学中は学生運動に没頭、共産党系ゲバルト部隊隊長として名を馳せる。週刊誌記者を経て実家の建築解体業を継ぐが倒産。半生を綴った『突破者』（南風社、新潮文庫）で衝撃的デビューを果たし、以後旺盛な執筆活動を続ける。近年の主要テーマは、警察の腐敗追及やアウトローの世界。談合を日本独特の文化とする『談合文化論』（小社刊）は各界から絶賛された。

「自己啓発病《じこけいはつびよう》」社会《しやかい》

宮崎《みやざき》　学《まなぶ》

2012年2月10日　初版第1刷発行
2012年3月1日　第2刷発行

発行者……………竹内和芳
発行所……………祥伝社《しょうでんしゃ》
〒101-8701　東京都千代田区神田神保町3-3
電話　03(3265)2081(販売部)
電話　03(3265)2310(編集部)
電話　03(3265)3622(業務部)
ホームページ　http://www.shodensha.co.jp/

装丁者……………盛川和洋
印刷所……………萩原印刷
製本所……………ナショナル製本

Printed in Japan　ISBN978-4-396-11263-9　C0230